JN130073

Shinmai Sensho 信毎選書

満洲分村移民を拒否した村長

佐々木忠綱の生き方と信念

大日方悦夫

Obinata Etsuo

はじめに

戦前、中国東北部への満洲移民は「国策」として進められた。全国各地から32万余の移民者が海を渡った。終戦時の移住者約27万人のうち約8万人は、二度と故国の土を踏むことはなかった。

満洲移民は、ある時期からは村、あるいは地域の単位で渡満する「分村・分郷」という形で進められた。上（国や県）が市町村に対して移民させる数を割り当てる、半ば強制的なものであったが、この「国策」を、自らの良心に基づいて拒んだ村長がいた。その人物が佐々木忠綱である。

長野県の南部山間地の小村・下伊那郡大下条村《おおしもじょう》（現・阿南町）の村長として、満洲への分村移民を迫られた佐々木は、苦渋の末、これを拒む道を選ぶ。この決断は結果として、仮に分村していたら不可避だった敗戦に伴う悲惨な犠牲から、多くの村民を救うことになった。

しかし、忠綱の存在と決断が、一般に知られるようになるのは戦後四半世紀以上たってからのことだ。忠綱が、公的な場で初めて証言したのは１９７９（昭和54）年。当時、歴史研究者・山野晴雄が、大正期に長野県南部で開かれた「伊那自由大学」の関係者を訪ねている中で忠綱に出会い、その縁で山野が事務局を務める自由大学研究会で証言することになった。忠綱が82歳の時である。その後も、１９８１（昭和56）年に自由大学60周年記念集会で証言、１９８２年に阿南町敬老大会で講演した。

佐々木 忠綱
(阿南町提供)

忠綱に関する研究は、この自由大学研究会に出席した歴史学者・上條宏之が『長野県史／通史編』に事績を紹介、同じく教育学者・米山光儀が忠綱からの聞き取りなどに基づいて論文「自由大学の影響に関する一考察――長野県下伊那郡大下条村の場合」（慶應義塾大学教職課程センター『年報』第2号、１９８７年）を発表し、自由大学の思想的影響、忠綱の教育・医療への関わりなどを明らかにした。また、著者が「『満州』分村移民を拒否した村長」（『歴史地理教育』第５０８号、１９９３年）を発表し、満洲分村に関する忠綱の事績を検証し、広く紹介した。

そのほか、八十二文化財団が１９８７年、忠綱からの聞き取りを基に、同財団発行の『地域文化』（第２号、１９８７年）で、分村拒否や高校建設について紹介。また、歴史家・評論家の松本健一がやはり１９８７年に忠綱宅を訪ね、別件の取材ではあったが、たまたま聞いた満洲分村拒否の一件について著書『秋月悌次郎　老日本の面影』（作品社、１９８７年）の「うしろがき」に書いた。

本書は、これらの先行研究等を踏まえながら、あらためて「佐々木忠綱がなぜ分村移民を拒んだのか」について、その理由と背景を考察することを目的としている。

そのために、①なぜ分村移民を拒んだのか、②どのような方法で分村移民を回避したのか、③なぜ分村移民を拒むことができたのか――という三つの視点を設定し、テーマに接近していく。

本書は、全７章で構成した。

第１章「忠綱の原点――教育と医療への思い」では、忠綱の生い立ちを通して教育と医療をなぜ重視（原点と）するようになったのかを探る。

第２章「自由大学で学ぶ――生涯の基軸」では、自由大学で何をどのように学んだのか、そして、その学びはどのような意味を持ったのか見る。

第3章「満洲移民とは――推進の背景・経緯と長野県」では、「満洲国」と満洲移民について、その目的・位置づけ・背景を整理し、さらに長野県の満洲移民の特色について考えたい。

第4章「忠綱が見た満洲移民」では、実際に視察で満洲移民地を訪れた忠綱が何を見、何を思ったのか、そして、何を決意したのかに迫る。

第5章「分村移民を拒む――村長2回目での決心」では、具体的にどのような方法で分村移民を拒んだのかについて、当時の「村会記録」等の資料や証言などの〝証拠〟を積み重ねることで明らかにしていく。

第6章「教育と医療への情熱」では、学校建設と病院建設に果たした忠綱の功績を軸に据え、さらに忠綱を支え影響も与えた「五人組」の役割にも言及し、佐々木村政の意義を考える。

最終章の第7章「満洲国の崩壊と忠綱の戦後」では、本土決戦での満洲国の位置づけを明らかにして満洲国崩壊の経過をたどり、忠綱の生涯を総括する。

満洲移民を扱った本としては、本書は異色なものであろう。敗戦時の集団自決や、逃避行などの悲劇を主軸とした体験記やノンフィクションではない。また、満洲移民の歴史や制度論などを扱った研究書でもない。

本書は、国策に背いて満洲への分村をしなかった背景を探り、それを可能にした理由を追究することを主眼としている。そのため、佐々木忠綱の生い立ちから青年期の思想形成に着目し、村長としての軌跡をたどる。そして、起こりうる事態を予測して、未然に防ぐために何をしたのかを考えてみたい。

この行程を今から歩むことにしたい。

目次

おことわり

◆「満洲」の表記は、現在の日本の教科書や新聞などでは新表記の「満州」を使用しているが、本書では本文に記した歴史的経緯から「満洲」に統一した。
◆「満洲国」は、中華人民共和国では「偽満洲国」「偽国」と呼ばれるように、本来はかぎかっこ付きで表記すべきだが、頻出するため、かっこなし表記としている場合がある。また、表記や用語の一部に、現在では不適切とされるものもあるが、当時のニュアンスを伝えるために、あえて言い換えなかった場合がある。
◆頻出する「大下条村」の「条」を含め、地名の文字は新字で統一した。ただし「下條村」の場合は、現在も続く村の公式名に合わせ旧字体「條」を用いた。
◆引用箇所は、漢字の旧字を新字体に直し、かなはひらがなとし、句読点やふりがなを補っている場合もある。固有名詞など、読み方が難しい言葉には適宜ルビを付したほか、著者がかっこ書きで補完した場合もある。なお、引用の原典で明らかに間違いと思える語句は「ママ」と付した。
◆開拓団名、入植地名は、長野県開拓自興会満州開拓史刊行会『長野県満州開拓史』各団編（１９８４年）に依った。
◆登場する人物名は、全て敬称略とした。
◆年号は原則「西暦（和暦）」の順とした。ただし、煩雑さを避けるため、どちらかを省略している場合もある。
◆辞書、年鑑、県史などの参考図書は、初出のみ二重括弧を付し、二度目以降はそのままとした。

第1章

忠綱の原点

——教育と医療への思い

大下条村に生まれる

佐々木忠綱は、1898（明治31）年3月2日、父・音弥、母・いくの長男として、長野県下伊那郡大下条村《おおしもじょうむら》千木《ちぎ》に生まれた。

下伊那郡は、長野県最南の郡で、天竜川中流域にある。大下条村は、この下伊那の南端、天竜川の右岸に位置する。村の東側は、天竜川の対岸（左岸）に泰阜《やすおか》村がある。北は富草《とみくさ》村、西は豊《ゆたか》村、南は和知野《わちの》川を隔てて平岡村、神原《かみはら》村に接していた。忠綱が生まれた頃、村の世帯数は500戸余り、人口は3000人弱の小村だった。村役場が発行した「大下條村政一覧」を見ると、村の地勢を「村内一般に山多くして耕地少なし」と記している。

大下条村は、忠綱が生まれる9年前の1889（明治22）年に、この地域にあった四つの村――北条《きたじょう》、西条《にしじょう》、南条《みなみじょう》、東条《ひがしじょう》の4村――が合併してできた村だった。忠綱の生まれた千木は、このうちの東条村にあった。

大下条村の字名となった千木は、江戸時代は「千木村」といった。千木村の庄屋を代々務めたのが佐々木家である。中でも、寛文年間から元禄《げんろく》年間、つまり17世紀後半に庄屋を務めた6代目の佐々木喜庵《きあん》は、『下條記』の著者として後世に名を残した。「下條」というのは、中世後期にこの地を支配した武士・下条氏のことで、喜庵は下条氏に関する史料を

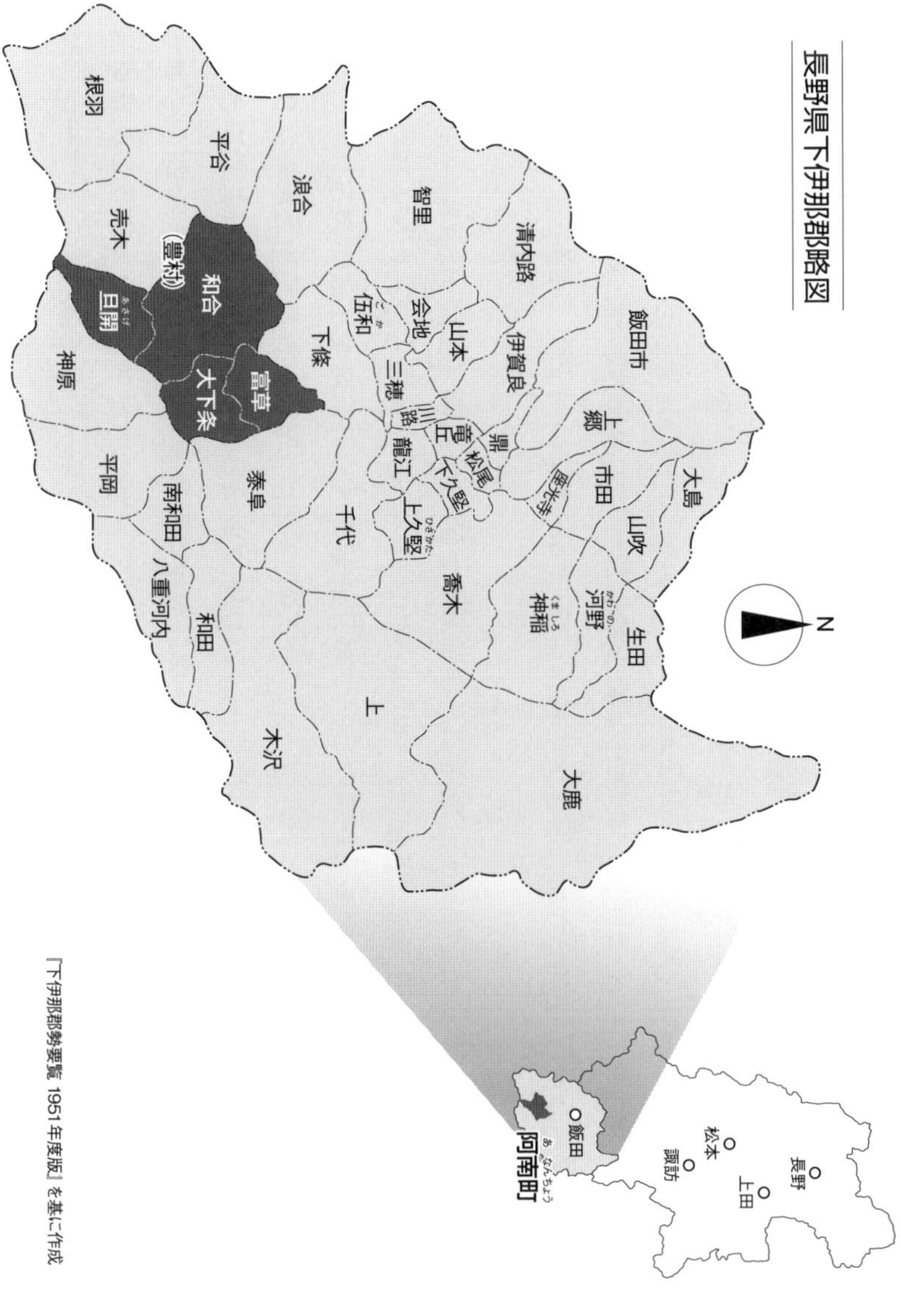

『下伊那郡勢要覧 1951年度版』を基に作成

丹念に収集して、その歴史を『下條記』としてまとめた。

地方史家の市村咸人《みなと》（1878〜1963年、『伊那尊王思想史』『下伊那史』などの著書があり、『伊那史料叢書《そうしょ》』編さんの中心となった人物）は、『下條記』について「現在といえどもこれ以上には出ていないのでありまして、下條記は地方の記録中一頭地を抜いた信用のおける史的価値のある良書」と評している。

のちのことになるが、戦後になって忠綱が保管していた喜庵の自筆本『下條記』を下伊那教育会が底本として冊子にまとめた。これが1957（昭和32）年に出版された『下條記』である。なお『下條記』は、その後『新編伊那史料叢書』第4巻にも収録されたので、現在は同書の中で読むことができる。

さて、この『下條記』が出版された年、つまり1957年に、大下条村は近くの旦開《あさげ》村、和合《わごう》村と一緒になり、さらに2年後に北隣の富草村と合併して阿南町《あなんちょう》となった。ちなみに長野県内では、基本的に町は「まち」と読むが、阿南のみ公称として「ちょう」と発音する。現在の阿南町は、東は泰阜、北は下條、西は阿智、平谷《ひらや》、売木《うるぎ》村、南は天龍と愛知県豊根《とよね》の各村と接し、長野県で最も南に位置する町となっている。

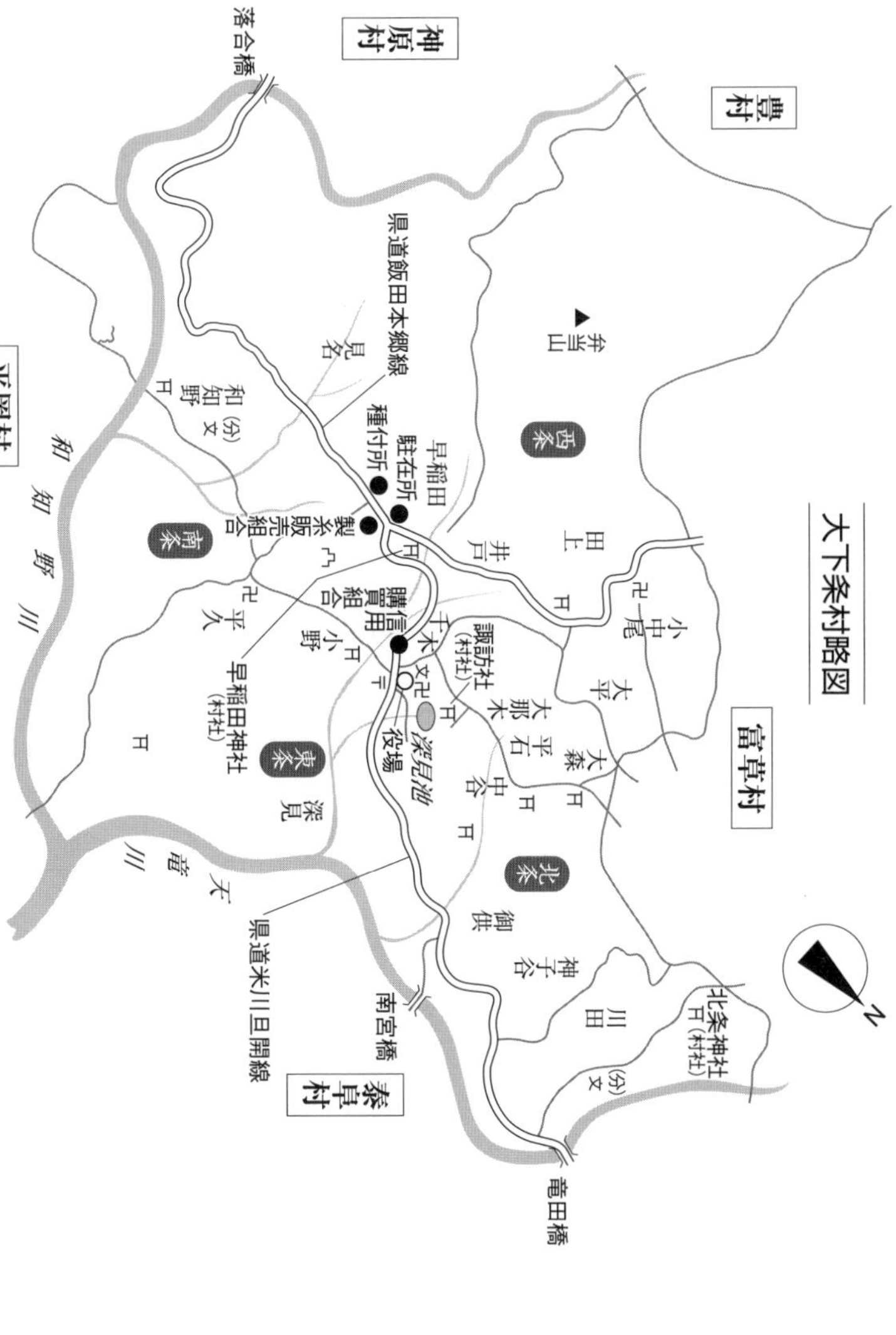

「大下条村勢要覧（昭和8年）」を基に作成

さて、ここで忠綱の父母について触れておきたい。

父・音弥は、佐々木家の17代目だったが、別家からの婿養子だった。佐々木家では、本家を「上千木《うえちぎ》」、本家から分家した別家を「中千木《なかちぎ》」と呼ぶ。なぜ別家である中千木の音弥が本家の婿養子となったのか？　その背景はおおよそ次のようだ。

佐々木家16代目の佐々木三内《さんない》（1843〜1930年）が、知人の請け判（連帯保証人）となったことが原因で多額の借金を抱え込み、結果として代々の財産を失ってしまった。そこで親族が協議して、傾いてしまった本家を立て直すために、三内を隠居させ、長女いくに婿養子をとって、その人物に本家の再建を託すことを決めた。

ここで白羽の矢が立ったのが、中千木家当主の佐々木新兵衛の次男・音弥（1864〜1931年）だった。婿養子となった音弥は三内から家督を譲り受け、佐々木家を立て直すという〝養子の務め〟を果たすため、骨身を惜しまず働いた。その結果、大正期には村内でも有数の養蚕農家となり、耕地も約2町8反（約2・8ヘクタール）、そのうち1町（約1ヘクタール）ほどを小作に出すまでになった――。

しかし、この「再建」が忠綱の人生に大きなかかわりを持つことになる。そのことは、追って説明したい。

なお音弥は、忠綱が生まれた1898年の1月から半年間、村の収入役を務めた。さらに1907（明治40）年2月から約2年間、大下条村助役となり、村政にかかわっている。大下条村誌は、音弥を「性温厚にして真摯《しんし》」と評している。

音弥といく夫妻には、長女・琴江、長男・忠綱の二人の子どもが生まれた。ところがいくは、長男の忠綱を産んだ2ヵ月後、産褥《さんじょく》熱が原因で急逝してしまった。

残された姉と生後間もない弟を育てたのは、継母のみさよだった。みさよは、大下条村の北にある下條村（現・下條村）新井の下條家から迎えられ、音弥の後妻となった。みさよは、前妻の遺《のこ》した2人の子どもに加え、音弥との間に生まれた次男・殖綱《たねつな》、三男・為綱《ためつな》の計4人の子どもたちを育てた。

なお、忠綱が物心付くようになってからも、生母いくの死は告げられなかったという。忠綱が自分を産んだ母が死んだことを知るのは、後年のことになる。

父が許さず進学断念

1904(明治37)年4月、6歳になった忠綱は、自宅に近い大下条尋常高等小学校(現在の阿南町立大下条小学校の前身)に入学した。ちょうど日露戦争(1904~1905年)の頃だった。

当時の小学校は、修学期間を尋常科4年、続く高等科2~4年としていた。そのうち尋常科の4年間が、学齢児童全員を対象とする義務教育の期間だった。

忠綱が尋常小学校の4年を終わって高等科に進む時、小学校令の一部が改正された。1908(明治41)年のことだ。改正のポイントは、義務教育期間の2年延長で、尋常科が4年から6年になった。義務教育期間が伸びたことで、従来の高等科の1年と2年の生徒は、それぞれ尋常科の5年生と6年生に移行となった。こうして高等科1年の予定だった忠綱は、最初の尋常科5年生となった。

1910(明治43)年3月、忠綱は、尋常小学校の6年間を終えて同小を卒業した。現在の大下条小学校に残っている、表書きが「明治三十三年度卒業生名簿」と書かれたつづりには、明治31年度から同42年度までの卒業生の名前が記されており、その最後に近い欄に忠綱の名前がある。この年の卒業式は、「名簿」によると明治43年3月28日に行われている。

卒業後の進路をどうするか——。

忠綱は、中学校への進学を希望した。当時の中学校は修学期間５年、年齢的には現在の中学生から高校生までの男子生徒が対象となる。女子生徒の場合は、中学校に該当するのが高等女学校で、男女別学だった。

当時、中学校へ進学する生徒は、ごくごく一部に限られていた。当時の農村少年の進学状況について忠綱は、後年次のように回想している。

　中学校へ行くのは、１学級30人から40、50人ぐらいの中から、１人か２人だった。地主か、教育に理解のある場合だけだった。

——１９８７年証言より

ほとんどの少年が、尋常小学校か高等小学校までという時代だった。上級学校へ進学する者は、村の資産家の子弟で、村の中でもごく一部に限られていた。小学校を卒業すると、いかに向学心に燃えていても、家庭の経済的事情が許さない限りは進学することは不可能だった。さらに、上級学校は町場にあったため、大下条村など山間の村々の少年は、交通手段がなかった当時、自宅から通学することができなかった。そのため、下宿代（あるいは寄宿舎の費用）などが別途必要だった。

忠綱は、長野県飯田町（現・飯田市）の長姫《おさひめ》城二の丸にあった飯田中学校（長野県飯田高等学校の前身）への進学を希望した。しかし父・音弥は、中学校への進学を認めなかった。当時を振り返って、忠綱は次のように語っている。

> 私の家は、下伊那郡の南端で飯田とも遠く離れた山村の養蚕農家でした。自分は長男であると共に、丁度《ちょうど》父が不測の経済的困難に遭遇したため、希望していた進学はまったく不可能でした。
>
> ――『自由大学研究／別冊２』より

ここでいう「不測の経済的困難」とは、前述の請け判（連帯保証）によって生じた事態を指す。借金を抱えた佐々木家にとって、息子を中学校へ進学させること、そして5年間の下宿費用を捻出することは不可能だったと思われる。さらに、本家の婿養子となった父にしてみれば、息子の進学は体面的にも許すことができなかったのかもしれない。通常の時なら進学は可能だった。しかし、この時の忠綱には家のために、長男として家業に専念することが求められたのだ。

上級学校で学びたい──。

12歳の少年は、上級学校進学の夢をあきらめられなかった。忠綱は〝次善の策〟として実業学校、農学校に可能性を求めた。当時、農学校は下伊那郡内になかった。そこで上伊那郡伊那町（現・伊那市）の上伊那農学校（長野県上伊那農業高校の前身）を受験することにした。農学校（乙種）の修学期間は3年だったから、その分の経済的負担は中学校より多少軽減されると見込んだ。とはいえ、遠く離れた上伊那では、やはり家を離れて下宿しなければならない。その間、実家の手伝いはできないことになる。

忠綱は、父親に内緒で出願した。許されないと分かっていたのかもしれない。それでも出願せずにはいられなかった。その結果、農学校からは入学は認められた。しかし、父親の許しは得られなかった。父親の権限が圧倒的に強い時代だった。結局、父に従うしかなく、合格した農学校も諦めざるを得なかった。

こうして進学の道を閉ざされた忠綱は、農家の長男として、実家の農業を手伝うことになった。

養蚕農家の長男として

佐々木家は、養蚕農家だった。

長野県の養蚕業は、大正期に入り、第1次世界大戦（1914～1918）による好況を背景に大きく発展した。『長野県政史』によると、県内の養蚕農家は1915（大正4）年に全農家の62・3％であったが、1916年に77・5％、1919年には78％を占め、農家総数は16万2805戸に及んだ。

米を作るより養蚕の方が、収益が大きかった。このことについて、忠綱は次のように語っている。

当時は、水田1反歩と桑園1反歩で蚕を飼って出すのとを比べると、蚕の方が倍ぐらいよかった。どうしても蚕に一挙にどんどんみんな進んで、田んぼを潰《つぶ》して桑を植えたりしました。

――1987年証言より

桑園面積はどんどん拡大し、1928（昭和3）年には陸稲も含めた水稲作付面積を超えるようになった。中でも下伊那地域は養蚕業が盛んな地域で、1929年の桑園面積は全耕地の70％を占めるようになり、その割合は全国1位を誇った。

佐々木家も水田をつぶして桑園を拡大し、村内でも有数の養蚕農家になっていた。

農業青年として日々を送る忠綱だったが、やはり勉強への思い、進学の夢をあきらめきれなかった。家業を手伝うようになった後も2度、上伊那農学校を受験した。そして、その都度、父親に押しとどめられていた。

小県蚕業別科に学ぶ

学ぶ機会を得られないまま、農業少年から農業青年へと、忠綱は成長していった。

そんな忠綱に、18歳の夏からわずか1年間ではあったが、親元を離れて実業学校で学ぶ機会が訪れた。息子の進学に終始反対し続けた父親だったが、このときは反対しなかった。理由は定かではないが、中学校や農学校への進学を切望する息子の思い、勉学への熱意に動かされたのかもしれない。あるいは、その実業学校が、家業の養蚕を専門に教える学校だったからかもしれない。また、養蚕業が軌道に乗り、借金返済の目途がついたこともあったのかもしれない。

いずれにしてもこの時は、父親の許可を得ての入学が実現した。

その学校は、長野県小県《ちいさがた》郡上田町常入（現・上田市）にあった、長野県立小県蚕業学校（以下「小県蚕業」。現在の長野県上田東高等学校の前身）だった。1892（明治25）年、長野県で最初の実業学校として設立された。校名が示す通り、蚕糸業の技術を習得することができる全国唯一の学校だった。

小県蚕業には、本科（修学期間3年）と別科（同1年）があった。本科は普通学科（作文、数学、物理化学、英語など）と実業学科（応用基礎学科、養蚕学科、農業科）を1～3年次に履修した。一方、別科は「家の事情、あるいは経済的な事情で3年間の就学が困難」な生徒を対象に、実業学科だけを1年間で教える〝短期コース〟だった。別科の入学資格は、高等小学校卒程度で満14歳以上となっていた。『上田東高校百年誌』には、学力に「本科・別科の差はなかった」とある。

忠綱は1916（大正5）年10月、別科に入学した。本科は4月入学だったが、別科は10月に入学、卒業は翌年9月となっていた。養蚕業にとっての農閑期となる秋から冬に、集中的に勉強するための学期の設定だったと思われる。

『創立六十周年記念名簿』（昭和26年刊）をみると、忠綱は別科第27回生。同級生は24人だった。出身地は長野県内18人（うち下伊那は2人）、県外4人（山形県2人、福井・茨城県が各1人）となっている。県外生が多いのは、全国唯一の蚕業学校という特殊性からだろう。なお、この名簿の中で、忠綱の経歴欄には「大下条村村長二回」と記載されている。

別科の実業学科は、応用基礎学科と、養蚕学科の2学科だった。農業科はなかった。具体的には、応用基礎学科は土壌、肥料、植物、病害虫、農産製造、気象、農業経済。また、養蚕学科は、蚕体解剖、生理病理、桑樹栽培、養蚕術、製種製糸、顕微鏡使用法を履修し、学科以外に養蚕実習、桑園実習などがあった。短期集中の、かなりハードスケジュールな履習だった。忠綱がどんな思いで、どんな時間を送ったのかは分からない。ただ、翌年9月までの1年間、とにかく集中的に「学ぶ時間」を手にしたことは間違いない。

1917（大正6）年9月、忠綱は小県蚕業を卒業した。19歳だった。忠綱は、卒業式で答辞を読んだ。

佐々木忠綱と妻てる。奈良・猿沢池のほとりにて。
大正9年＝田村キヨ提供

１９２０（大正9）年、忠綱は結婚した。相手は大下条村の北隣、富草村古城の佐々木栄太郎の三女てるだった。忠綱22歳、てるは18歳だった。

原点となる「心の痛手」

忠綱の生い立ちから、のちに村政運営の基軸とした教育と医療の原点が見えてくる。この原点を、忠綱の長男・佐々木忠幸は、父親の「心の痛手」と表現した。

忠幸がその一つ目として挙げたのが、上級学校への進学を断念しなければならなかったことだった。この体験が、教育の機会均等への強い思いとなって、のちに村に学校を建設する情熱となり、自身が生涯学び続ける姿勢へとつながった。

もう一つ、忠幸が指摘したのは、二人の弟との別れである。

忠綱には二人の異母弟がいたことは既に書いた。

忠綱のすぐ下の弟・殖綱は、１９１８（大正7）年、19歳の若さで病気で亡くなった。その5年後、末弟の為綱が兄の跡を追うように21歳の若さで病死した。結核だったという。

弟たちが早世したころ、忠綱はまだ20代前半。多感な青年にとって、自分より若い２人

忠綱の家族。前列左より三女・久仁江、妻てる、四女・直子、義母みさよ、三男・壽英、忠綱、次女・澄。後列左より次男・顕、長男・忠幸、長女・節。昭和15年早春、自宅にて＝牧内久仁江提供

の弟の死は、大変なショックだった。早世した2人の弟と、自分を産んだ後に急死した生母いく——身近な人々の死を通して、忠綱は医療の大切さを痛感したのだ。忠綱の三男・壽英《じゅえい》によると「この時期、親父は医者になることを本気で考えたらしい」と言う。忠綱自身が医師になることはなかったが、その後その思いは子どもたちに受け継がれ、次男、三男が医学の道に進むことになる。

いずれにしても、ここでは、青春期の実体験〝二つの「心の痛手」〟が、忠綱の原点になっていることに注目し

たい。

この原点に立って、忠綱は「教育と医療がこの世の中で最も基本的で重要」という信念を持ち続けていく。そして、この信念が、のちに村長となった忠綱を支え、戦時下の「国策」の危うさを見抜き、村民を救う力となっていったのだ。

では、佐々木忠綱が、村長としてどのように時代と向き合い、どのように行動し、そして自分の信念を貫いたのか――を、次章以降で見ていきたい。

まずは、彼の生涯に決定的な影響を与えることになる「自由大学」との出会いに触れたい。

第2章

自由大学で学ぶ
——生涯の基軸

「学びの場」を求めて

青年期の学びについて、佐々木忠綱は次のように回想している。

大正のはじめ、当時岩波書店等から哲学書が次々に発刊されつつあって、私は宮本和吉の『哲学概論』、リッカート『哲学の概念』（坂崎侃《かん》訳）、西田幾太郎の『現代に於《お》ける理想主義の哲学』、阿部次郎の『倫理学の根本問題』などを求めて、少しずつ読んでいたが、しかし自分の理解ではなかなか思うようには進まなかった。

——『自由大学研究／別冊2』より

岩波書店が「哲学叢書《そうしょ》」と銘打って、全12冊の哲学本の刊行を開始したのは1915（大正4）年のことだ。忠綱が手にした宮本和吉『哲学概論』はこの叢書の第3巻、阿部次郎の『倫理学の根本問題』は第6巻に当たる。どちらも翌1916（大正5）年に出版されている。『岩波書店八十年』によると、この叢書の発行で岩波書店は〝哲学書の出版社〟として存在を認められるようになった。

忠綱が挙げた他の2冊、ハインリッヒ・リッカート『哲学の概念』は大竹書店から、西田幾太郎『現代に於ける理想主義の哲学』は弘道館からの出版だった。ともに１９２２（大正11）年に刊行されている。

地方の農村青年が、哲学書を購入して独学で学ぶ……。これは忠綱だけではなく、当時、下伊那地方の青年たちに多く見られた現象だった。上級学校に進学できず、勉強の場が得られなかった青年たちが、新しい知識を求めた背景について、『下伊那青年運動史』は次のように説明している（要約）。

第一次世界大戦後の日本経済の好況は、下伊那地方の養蚕・製糸業に好況をもたらした。生糸は直接取引で、横浜港からニューヨークまで通ずる相場の動きがそのまま下伊那の経済に影響を与えた。

そこでどの農家でも新聞をとって相場情報を入手しようとした。この新聞が、青年たちにとって社会問題への開眼の役割を果たした。さらに、養蚕は農民に現金収入を与える。一年に三度（春蚕、夏蚕、秋蚕）現金が入り、その上高額だった。こうして生まれた経済的な余裕が、青年の本の購入を可能にした。養蚕は、一時期は超多忙だったが冬になれば閑《ひま》になった。冬期は、下伊那の青年にとって読書や文化活動をする絶好の機会となったのである。

こうして下伊那地域の青年たちは〝知的飢餓心〟とでもいう知的な欲求を満たすため、難解な書物に挑戦していった。しかし、忠綱が独白しているように、小学校を卒業しただけの農村青年にとって、自力で専門書を読み進めることには限界があった。

やはり「学びの場」がほしい……。こうした忠綱ら農村青年の願いに応えたのが自由大学だった。

自由大学との出会い

自由大学は、常設される学校ではなく、ごく短期間、地元に著名な学者らを招いて講座を開き、学びを得る機会である。１９２０年代初めから30年代初めにかけて各地で開講の動きが起こり、長野県内では１９２１（大正10）年11月、神川《かんがわ》村（現・上田市）で、農家の青年たちを中心に始まった「上田自由大学」（創設時は信濃自由大学）が先駆けだった。

上田に遅れること２年余り、飯田での自由大学「信南自由大学」が１９２４（大正13）

年の1月8日から5日間、飯田小学校（現在の追手町小学校の前身）を会場に始まった。後年「伊那――」に会名を変更した。

この伊那自由大学を組織した中心人物は、平沢桂二（1898〜1959年）、須山賢《けん》逸《いつ》（1899〜1946年）、横田憲治（1898〜1947年）の3人、そして、援助したのが在野の哲学者・土田杏村《きょうそん》（1891〜1934年）だった。この中心メンバーとの出会いが、忠綱の自由大学への第一歩となる。

忠綱は次のように語っている。

大正十一年私は村の青年会長をしていて、郡の青年会の平沢桂二氏、須山賢逸氏と知り合った。またその年、土田杏村先生が来郡され、講演会があったが自分は聴講できなかった。しかし前から雑誌『文化』を通じて深く傾倒していた。大正十二年横田憲治、平沢桂二、須山賢逸各氏の熱意によって上田につづいて飯田にも自由大学が開かれる事になり、その設立趣旨にはまったく賛成で感謝して受講生となった。

――『自由大学研究／別冊2』より

郡青年会の招きで下伊那に訪れた土田杏村（前列右）と平沢桂二（後列右）、須山賢逸（同左）。前列左は山田阿水。大正11年8月＝『自由大学研究』第5号より

　忠綱と平沢、須山との出会いは、青年会（団）の活動を通してだった。3人が出会った1922（大正11）年、24歳の忠綱は大下条村青年会の会長を務めていた。忠綱と同じ年齢の平沢は、大下条村青年会も加盟する全郡の組織・下伊那郡青年会（郡青）の会長であり、1歳年下の須山は郡青副会長だった。

　1922年は、郡青にとって「自主化」2年目の年だった。自主化とは、会員に年齢制限を設け、会長を会員の中から選出する運動のことを指す。当時の青年会は、会長を地元の名士である小学校長や村長が務め、会員に年齢制限がなかった。

　こうした体制を撤廃し、青年自身の青年会として自主的に組織運営しようとする動きが1918（大正7）年、下伊那郡千代村（現・飯田市千代）の青年会で始まった。大正期

大下条青年会の写真と思われる。前列右から2人目が佐々木忠綱＝阿南町提供

に顕著となった民主主義的思潮「大正デモクラシー」の下での白樺《しらかば》派運動や民本主義、社会主義の影響を受けながらの自主化運動は長野県内に広がったが、とりわけ下伊那郡内は盛んで、ほとんどの青年会と郡青が自主化を達成した。この時期に、校長や村長でなく、24歳の青年である忠綱や平沢が、既にそれぞれの青年会の会長職にあったのは、こうした背景があった。

　また、1922年は社会主義思想導入の年でもあった。

　同年5月、飯田・下伊那最初の社会主義研究会ともいえる「下伊那文化会」が羽生《はにゅう》三七《しち》（1904〜1985年）らによって結成された。さらに9月には、同会を核にした大衆的青年組織として「自由青年連盟」が発足し、郡内の青年活動家の多くを組織した。翌1923（大正12）年1月になると、自由青年連盟の中核組織だった下伊那文化会は「社会革命の成功を期する」ため、非合法の社会主義青年組織「LYL」（Liberal Young League）に改組された。これ以後、自由青年連盟とLYLは、郡青を動かしながら、社会主義的な運動や電灯料の値下げなど、大衆的な運動を積極的に展開していく。

忠綱の証言に戻ろう。忠綱が指摘する土田杏村との接点について補足したい。

杏村は新潟県佐渡の生まれで、本名を茂《つとむ》といった。京都帝国大学の哲学科を卒業し、1919（大正8）年に日本文化学院を創設、翌年から個人雑誌『文化』を刊行すると共に、多くの著作を通じて青年に影響を与えた人物だった。

忠綱は『文化』の読者だった。『文化』は毎号60ページ。思想、文化、社会問題などに関する書物や論文を考察する形式で、全編を杏村が執筆した。1925（大正14）年の最終刊までに46号が刊行され、哲学を志す青年たちの間でよく読まれたという。

杏村は1922年8月14～16日の3日間、郡青年会の招きで飯田や近隣の村々を巡回講演した。この時、自由大学の設立メンバーとなる平沢、須山、横田らは、杏村から上田自由大学の話を聞いた。

忠綱は、この講演会には参加できなかった。しかし、『文化』や杏村の著作を通じてかなりの影響を受けた。晩年の忠綱は「杏村の著書を読みまして大きな感銘を受けました者の一人です。（中略）今も尚深く青年哲学者土田杏村氏をなつかしく尊敬してやみません」（山野晴雄宛手紙）と独白している。

証言に登場するもう一人の人物、横田憲治について触れておきたい。

横田も忠綱と同年で、青年会活動の中心的な人物だった。そして、自由青年連盟とＬＹＬに属した。横田の妻の兄であった平沢も、同連盟とＬＹＬに所属していた。この２人に対して、地域の保守政治家たちは執拗《しつよう》な脱会工作を行った。自由青年連盟による激しい社会運動の広がりを警戒したからである。結果的に２人とも１９２３年11月、連盟とＬＹＬを脱退した。後年、忠綱は次のように述懐している。

横田さんも上郷で北原痴山《ちざん》先生のところで頭の冴《さ》えているのは横田あの人くらいだと言われるくらい非常に芯の強いところをもっておられた。（中略）自由連盟を脱退されたというのは、推測でありますが、家庭の事情と言いましょうか、旧《ふる》い家の圧迫といいましょうか、親の圧迫と言いましょうか、そういうことでやむを得ず順々に脱退したのではないかと思います。

――『自由大学研究/別冊1』より

1923年11月、連盟を脱退した横田と平沢、そしてこの年に郡青の会長だった須山が「信南自由大学趣意書」を作成して南信新聞に掲載し、郡内の青年に配布した。彼ら3人は、すでに同年春に上田自由大学を訪ね、自由大学の趣旨や経験を学んでいた。

この時、趣意書を受け取った青年の一人が忠綱だった。忠綱は「設立趣旨にまったく賛成で感謝して受講生となった」(『自由大学研究/別冊2』)と述べる。忠綱が賛同した趣意書を次に見る。

民衆が働きながら学ぶ

信南自由大学の趣意書は、土田杏村の書いた「設立の趣旨」と「組織及び内容」「講師及び担任講座」「開講及び申込の時期」からなる全6ページのパンフレットになっていた。

杏村による「設立の趣旨」は、現在の教育制度が「莫大《ばくだい》な教育費を持たないものには、永遠に高い教育を受けるための機会」を持つことができず、「有産者のみの持つ特権」となっていることを批判し、次のように続けている。

民衆が労働しつつ生涯学ぶ民衆大学、即ち《すなわち》我々《われわれ》の自由大学こそは教育の本流だとみられなければならぬことが、強く主張せられるに至った。（中略）我々は労働しつつ学ぶ自由大学こそ、学校としての本義を発揮しつつあるものと考える。

自由大学は補習教育や大学拡張ではない。

我々の自由大学は、最も自由なる態度を以《も》って思想の全体を研究していきたい。講師の主張には種々《いろいろ》の特色があろう。しかし教育は宣伝ではないから、我々の大学の教育は、団体として特に資本主義的でもなければ社会主義的でもない。それらの批判を、自分自身で決定し得る精神能力と教養とを得ることが我々の教育の眼目である。我々はあくまでもその自由を保留し得るために、すべての外的関係とは没交渉に進んで行きたい。我々の自由大学こそは、我々自身が、我々自身の力を以って、我々自身の中に建設した最も自由なる最も堅固なる一つの教育機関である。

――『自由大学研究／第3号』より

杏村は、以前より自由大学こそプロレットカルト（Proletarian Culture＝階級教育）の場と考えていたが、上田自由大学の状況を見て、伊那自由大学の趣意書に明記することは得策ではないと判断したという。

しかし、自由青年連盟の機関誌『第一線』第5号（大正13年11月12日）は、「南信《ママ》大学はプロレットカルトを骨子として、民衆自身の教育機関として、経営して行く。この大きな仕事を、我々青年は協力して擁護しなければならぬ」と、伊那自由大学への支持を表明した。自由青年連盟を脱会した横田、平沢、そして入会しなかった須山らによって組織された自由大学だった。しかし、プロレットカルトの立場に立って、郡青や自由青年連盟と密接な関係を保ちながら運営されたことに、伊那自由大学の特徴があった。

こうして、忠綱の人生に決定的な影響を与えることになる自由大学が誕生することになる。

自由大学での学び

忠綱は、伊那自由大学に通った日々を、次のように回想している。

私は同村の松下重光君と共に成可《なるべ》くつとめて出席した。今日想起して、講師は京大・東大を出られた新進の青年学者にて、颯爽《さっそう》たるその魅力、真摯《しんし》な熱意、程度の高い大学講義は、受講生皆倦《う》むことを知らなかった。一講座大体五日間の会期中、講師の宿舎の吉野館などでの座談会、茶話会などに参加した。楽しかった印象も思い出されて感銘を深くします。

――『自由大学研究／別冊２』より

44ページの表「伊那自由大学の講座内容」にあるように、伊那自由大学は１９２４（大正13）年１月から１９２９（昭和４）年12月まで、計22回開催された。１回の講座は、会期が５日間前後で、毎日夕方６時頃から10時頃まで行われた。飯田周辺の受講生は４時頃まで働き、開始時間までに会場に駆けつけることができた。しかし、忠綱ら交通の便の悪い山間部に住む受講生は、開講初日は飯田まで歩いた。時には夜中の２時に松下と連れ立って大下条を出発し、提灯《ちょうちん》の明かりを頼りに夜道を急いだという。さらに、会期中は飯田

伊那自由大学の講座内容

開講年月日	日数	講　師	講　座	人数	会　場
1924. 1. 8	5	山本宣治	人生生物学	73	飯田町飯田小学校
1924. 1.28	5	タカクラ・テル	文学論	52	飯田町正永寺
1924. 3. 4	5	水谷長三郎	唯物史観研究	27	飯田町天竜倶楽部
1924. 3.10	5	新明正道	社会学概論	32	同　上
1924.10.21	5	山口正太郎	経済学	16	同　上
1924.12. 1	5	谷川徹三	哲学史	23	同　上
1925. 1. 8	5	タカクラ・テル	文学論（ダンテ研究）	26	同　上
1925. 3.15	5	波多野　鼎	社会思想史	24	同　上
1925.11. 7	5	新明正道	社会学	22	飯田町飯田小学校
1925.12. 5	5	谷川徹三	哲学史	24	同　上
1926. 2. 3	4	タカクラ・テル	ダンテ研究（続講）	15	同　上
1926. 2.25	4	西村真次	人類学	16	同　上
1926. 3.11	5	佐竹哲雄	哲学概論	17	同　上
1926.11.20	2	高橋亀吉	日本資本主義経済の研究	26	飯田町天竜倶楽部
1927. 1.12	3	谷川徹三	哲学史	10	飯田町飯田小学校
1927. 3.25	3	新明正道	近世日本社会史	12	同　上
1927.11.15	5	今川　尚	経済学原論		千代村米川公会堂
1928.11. 1	2	佐竹哲雄	哲学概論		飯田町飯田小学校
1928.12. 1	4	タカクラ・テル	日本民族史		
1929. 2.15	3	三木　清	経済学の哲学的基礎		龍江村大願寺
1929.12.12	3	藤田喜作	農村社会について		
1929.12.20	3	タカクラ・テル	日本民族史研究		

自由大学研究会編『自由大学運動と現代』（信州白樺、1983）より

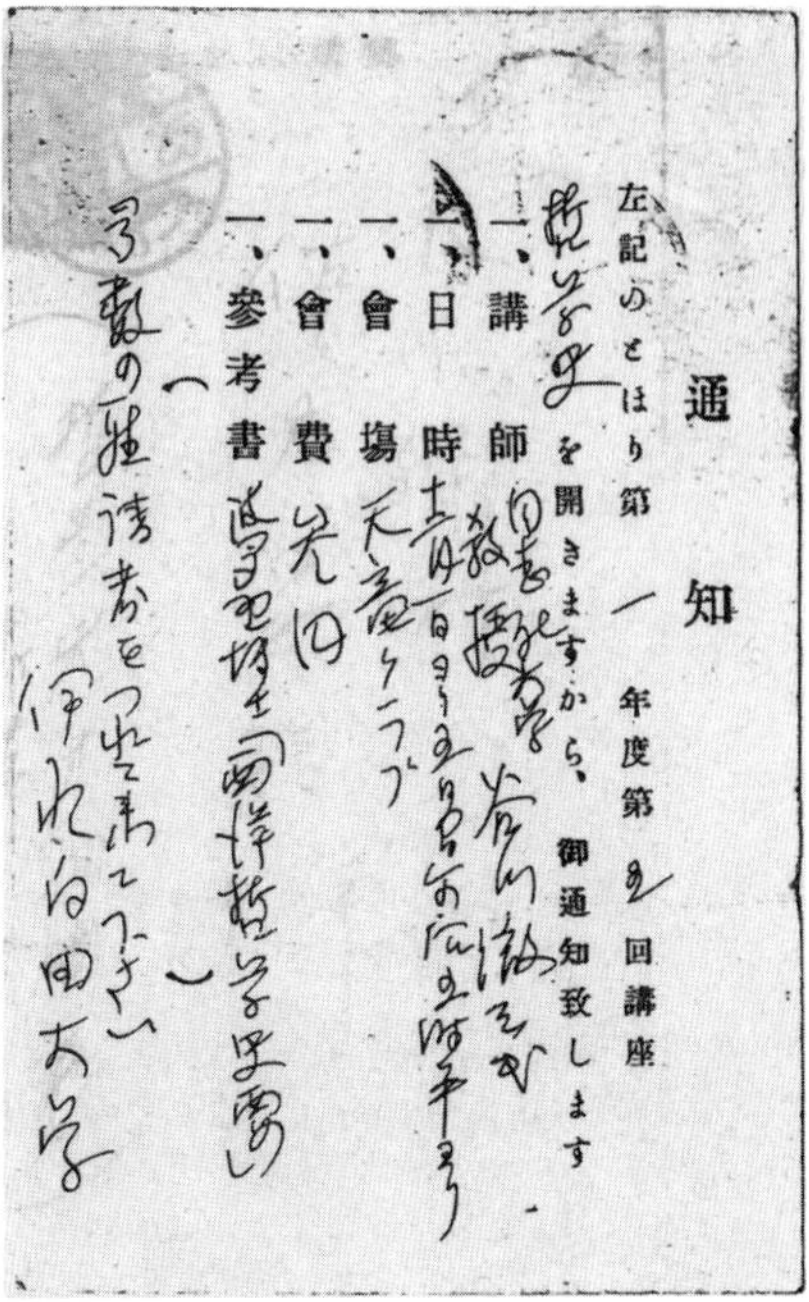
通知

左記のとほり第　一　年度第　回講座を開きますから、御通知致します

一、講師

一、日時

一、會場　天竜クラブ

一、會費

一、參考書

伊那自由大学

谷川徹三が講師を務める「哲学史」の講座開講を知らせる伊那自由大学の通知。大正14年＝笠原孟提供

の安宿に宿泊しなければならなかった。

そんな厳しい事情もあって、全ての講座に出席することは難しかったようだ。忠綱は、主に哲学や経済学の講座を受講した。具体的には、新明正道（関西学院教授）、山口正太郎（京都大講師、大阪高等商業学校教授）、谷川徹三（同志社大教授）、波多野鼎（同）などの講座だった。

会場は、小学校の裁縫室や寺院、天竜倶楽部などが使われた。天竜倶楽部は、青年会のOBなど関係者の寄付金で建てられた木造2階建ての建物で、青年団体の会議や宿泊に利用されていた。天竜倶楽部には机がなかったため、講座の際は受講生自らみかん箱を持参して机代わりにした者もいたが、ほとんどは畳の上にノートを広げて講義の内容を書き取

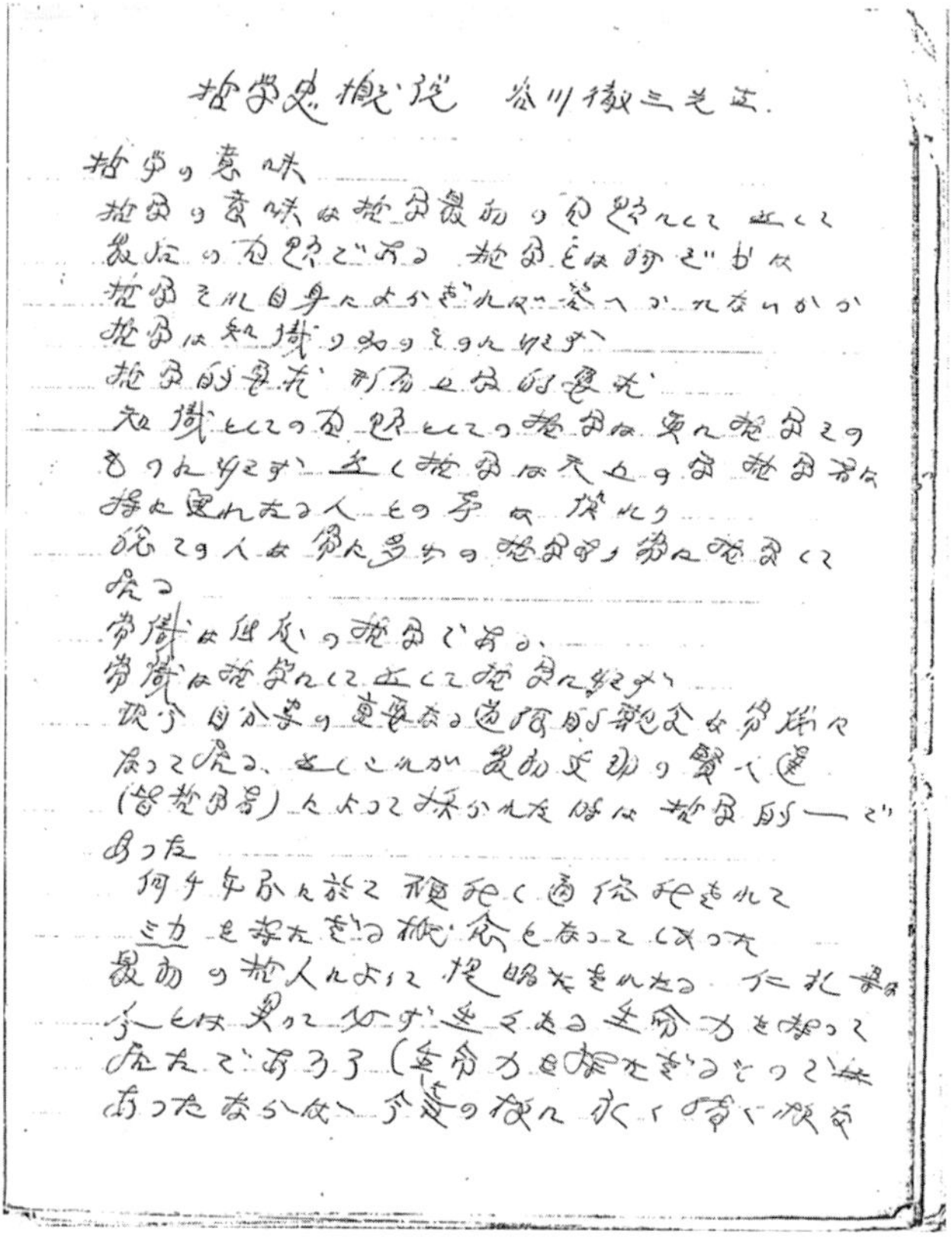

哲学史概説　谷川徹三先生

哲学の意味

忠綱が伊那自由大学で使った「哲学史」のノートの中身。谷川徹三の講義を聞き逃すまい―と必死に書き取った様子が伝わってくる＝笠原孟提供

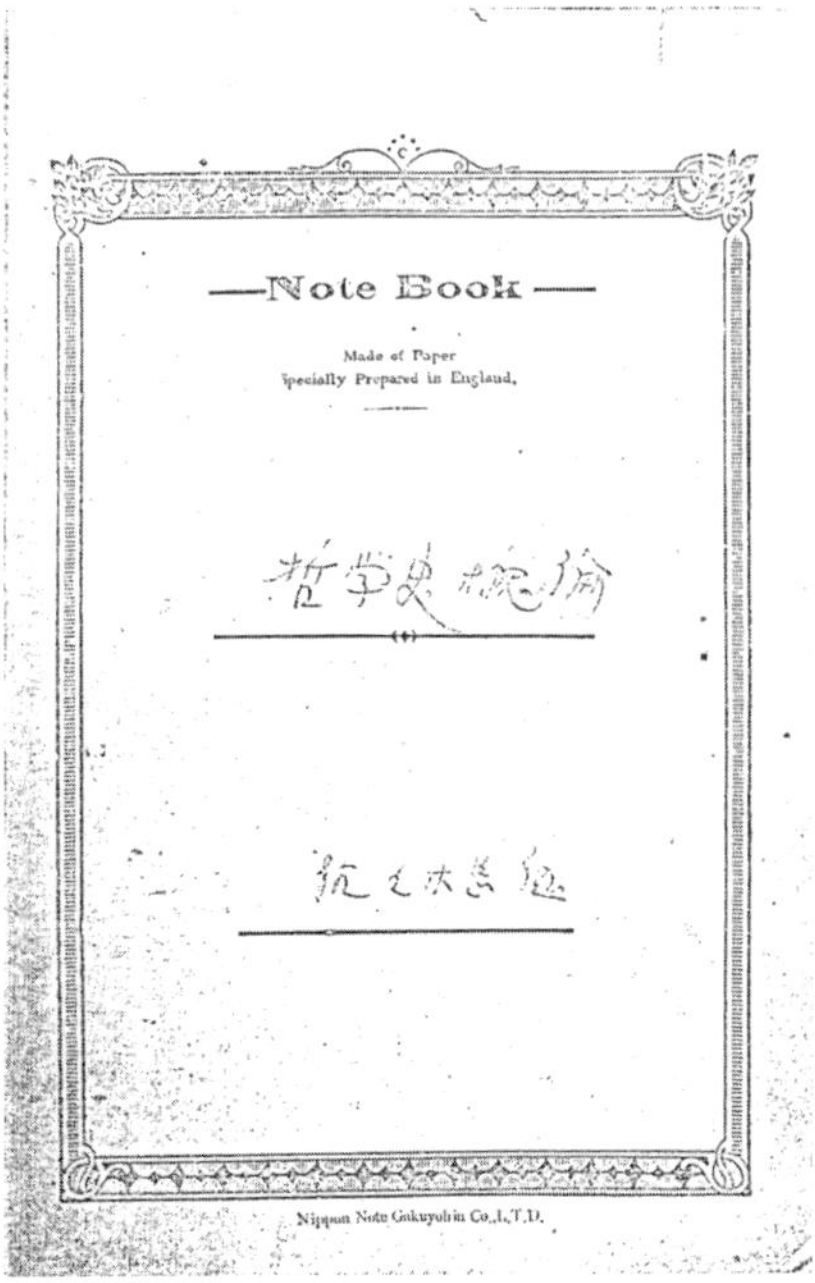

忠綱が伊那自由大学で使った哲学史のノートの表紙

った。

授業は、講義式で進められた。講師が話し、受講生はそれを全部ノートに書き取った。現在も保存されている谷川徹三の講義を筆記した忠綱のノートを見ると、右に少し傾いた字体で、細かくびっしりと書き写されており、忠綱の真面目さが伝わってくる。内容から1924年12月の哲学史講座のノートと推測される。

この講座に向けて谷川徹三が作成した学習計画も残されている（南信新聞1924年11月29日付）。それによると「私の今度の講義は、哲学史概観として全部を一通り簡単に終わりたいと思います。私のこれからの講義を一層よく理解して頂くために特定の視点から全部を概観したいと思います」とし、「第1日目哲学の意味、哲学と科学・芸術・宗教など、第2日目ギリシャ哲学、第3日目中世の哲学、第4日目カント哲学、第5日目現代の哲学」（抜粋）となっている。しかし、ノートを通して谷川の講義を聞き逃すまいと耳をそばだて、必死に書き写す忠綱や青年たちの姿が目に浮かんでくる。忠綱のノートと見比べてみると、講義は谷川の計画通りには進まなかったようだ。

受講生の一人で、自由大学の理事でもあった林源《みなと》は次のような感想を残している。忠綱も同じ感想を持ったに違いない。

一講座が終わると私達は一皮むけて、人生のこと、世の中のことが一層はっきり見えるような気がした。それはちょうど山を五合目、六合目と登るにつれて展望が開けるようなものであった。『中央公論』や『改造』の巻頭論文を読んでも自分の理解力がすすんでいることがはっきりわかった。（中略）私たちは海綿が水を吸うように講義の内容を吸い取り体の中へ充満させることができた。また原因の一つは、充実した講師陣であった。しかも手弁当で来て下さったのである。谷川徹三先生は33歳、三木清先生は30歳位であった。

——『自由大学研究／第5号』より

授業以外でも講師の宿舎で茶話会などが開かれ、講師と受講生の交流があった。さらに忠綱ら泊まりがけの受講生は、昼間に講師の旅館に行って話をしたり、一緒に外出して遊んだりしたこともあったという。

こうした講師との触れ合いを示すエピソードがある。谷川から忠綱に送られた１９２５年12月９日付のはがきだ。そこには「宿の方へ遊びにおいでになるのを心待ちにしていましたが、気分がお悪いとかで早く帰られたのは残念でした。どうかお大事になさい。私は明日早朝立ちます。ではまた。」と書かれている。日付から谷川の2回目の講座と分かる。体調を崩して講座の終了後に早々に帰宅した忠綱への見舞状だ。谷川と忠綱の交流は、戦後も続いた。忠綱は、英語の勉強法を谷川に尋ねたこともあったようだ。

人生の精神的な支え

自由大学は、忠綱にとって最初の本格的な学習の場であった。わずか6年間ではあったが、人生の精神的な支え＝基軸を形成する時間となった。

忠綱は、自由大学での学びから計り知れない影響を受けた。次のような感想を残してい

◀上田自由大学のリーダーの一人、山越脩蔵と並ぶ忠綱（右）。自由大学運動60周年記念集会にて。昭和56年＝山野晴雄提供

▼自由大学研究会の春季例会に出席した忠綱（左から2人目）。一番右は羽生三七。昭和54年＝山野晴雄提供

る。

土田杏村を中心とした京都のこれらの進歩的な学者に啓発されたと思うのでありま す。（中略）自由大学では、本を読むことを教えていただきました。（中略）下伊那の自由大学というものは期間は短かったのですが、後々に影響するところが非常にあったのではないかと思います。

——『自由大学研究／別冊1』より

ここで、忠綱は自由大学の学びとして「本を読むこと」を挙げている。この証言は1979年のものだが、2年後にもう少し踏み込んだ発言をしている。少し長いが引用する。

戦時中（村長を）いたしましたが、その当時役場吏員が出征をする時に私が役場の中で歓送の宴をはりまして、そのときに「おまえ絶対に死ぬなよ、どんなにしても生きて帰ってこいよ」と私が言いましたら、一人の書記が、「村長、ちょっと失言ではないか、そういうことをいうべきではないんじゃないか」と叱られたことがありましたが、みなこれ自由大学のお蔭《かげ》であったと思います。

私はその後ずっと人生を今日までまいりましたが、その根本になる精神は、自由大学当時において、我々よりわずかに年齢の上の立派な先生方が講義をしていただいて、その魅力といいますか、感化といいますか、今にありありと心に残っているわけであります。自由大学の感化でありますか、私はその後、本もあまり読めませんけれども、たまには買って読んでおりますが、全部はなかなか読めません。しかし本の選択というような力をぜんぶ自由大学の時に得たのではないかと思う次第であります。

――『自由大学研究／別冊2』より

ここで忠綱は「本の選択力」＝本を読むこと、そして「絶対に死ぬなよ」に込めた思い――この二つを「自由大学での学び」と語っている。著者はこの「学び」を、幅広い思想の吸収、自由主義・人道主義の精神、リベラルなものの見方、考え方と言ってもよいと考える。さらに、この「学び」は忠綱の人生の局面で、物事を自分の頭で考え、時局に流されず、物事を公平に見て判断する力となっていった。

自由大学について、杏村は「労働しつつ生涯学ぶ民衆大学」と言った。この自由大学の

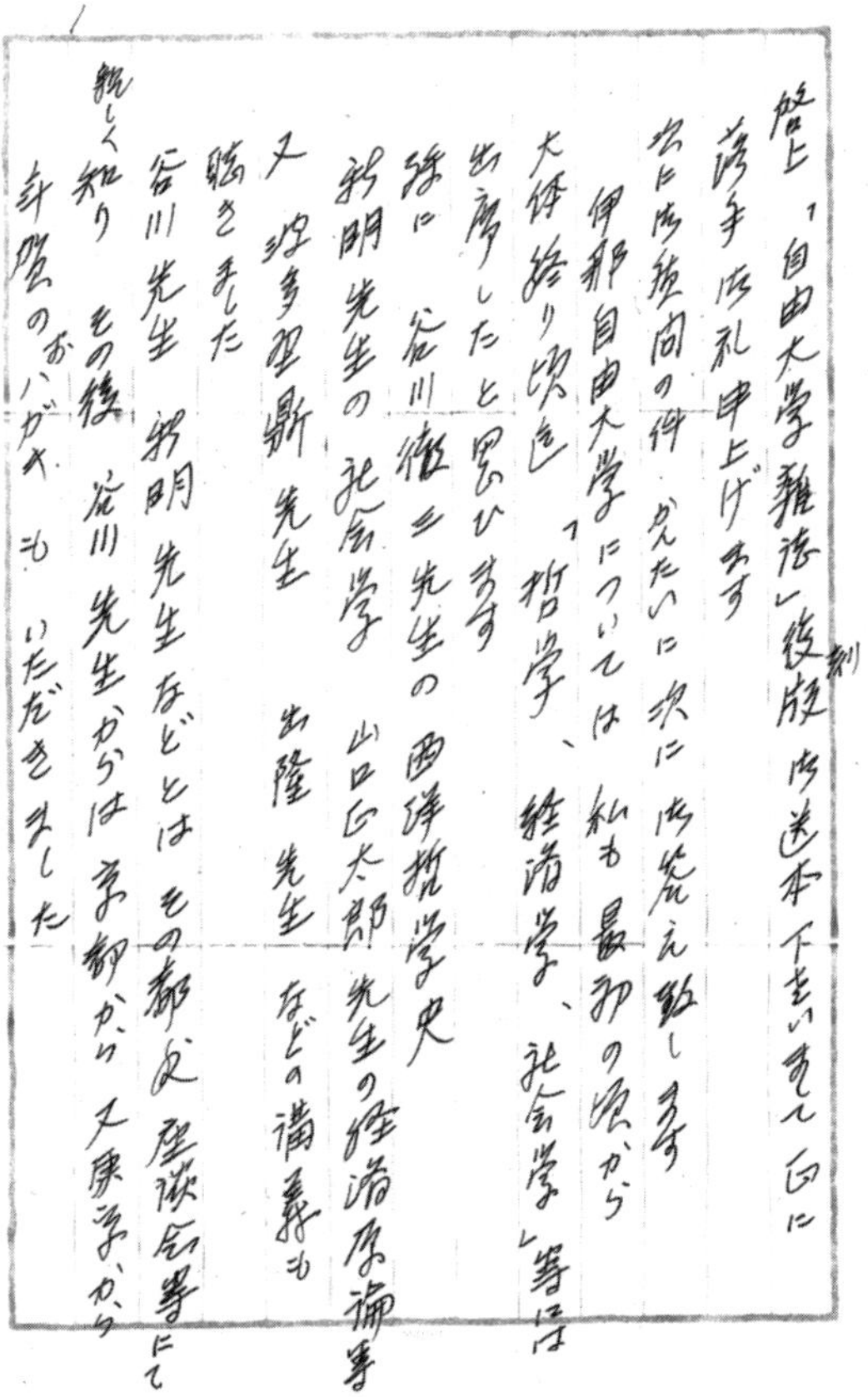

啓上 「自由大学雑誌」復刻版 御送本下さいまして 正に
落手 御礼申上げます
尚ほ御質問の件 かんたんに 次に 御答え致します
伊那自由大学については 私も 最初の頃から
大体終り頃迄 「哲学」、「経済学」、「社会学」等には
出席したと思ひます
殊に 谷川徹三先生の 西洋哲学史
新明先生の 社会学 山口正太郎先生の経済原論等
又 波多野鼎先生 出隆先生 などの講義も
聴きました
谷川先生 新明先生などとは その都度 座談会等にて
親しく知り その後 谷川先生からは 京都から 又東京からから
年賀のおハガキも いただきました

忠綱が自由大学研究者・山野晴雄に宛てた手紙の一部。伊那自由大学で学んだ頃の思い出がつづられている。昭和53年＝山野晴雄提供

精神を、生涯をかけて実践したのが忠綱だった。忠綱は、終生学び続けた。晩年も片時も本を離さず、90歳のとき胃がんの手術で一時中断することはあったが、92歳で亡くなるその前日まで本を読んでいたという。もっぱら哲学書であったが、晩年「俺は小説を読まなかったのが失敗だった。もっと人生観を学ぶべきだった」とも述懐しており、人生の後半では、幅広く読書するように努めた。手術で入院した時も、病床でカントの哲学やダンテの『神曲』、さらに仏教や仏像について熱く語った。

戦後、県内各地で開催された夏期大学には、手術の直前まで高齢を押して欠かさず受講した。ただ講義が、講師1人あたり1時間半程度の1回限りで終わってしまうことに不満を持っていたようだ。講義の内容には、断片的な話でなく、可能な限り全体的な話を求めた。講師の話をじっくり聞くことにこだわったのは、やはり苦労して飯田に出向いて自由大学を受講し、仲間や講師らと共に学ぶことを深めた経験が礎になっていたからだろう。

やがて時代が戦争へと進んで行く中で、忠綱は自由大学での学びを生涯の〝基軸〟として、満洲への分村移民を拒否する姿勢や行動をとることになる。

第3章

満洲移民とは

――推進の背景・経緯と長野県

佐々木忠綱が、国策として進められた満洲移民にどのように向き合ったか――。

このことについて論じる前に、満洲移民、分村・分郷移民とは何か、どんな背景と経緯で進められたのかを、本章では解説しておきたい。

なお、移民事業の時期区分については、満洲移民政策研究で使われる3区分――第1期「試験移民期」（1932～1936年）、第2期「本格的移民期」（1937～1941年）、第3期「衰退・崩壊期」（1942～1945年）を使用する。

満鉄と早期移民

「満洲」と呼ばれたのは、現在の中国東北地方に当たる。ただ、注意を要するのは、もともと満洲は地名ではなく、国名であり、民族名であったという点だ。清《しん》を建国したヌルハチが、自国を「マンジュ」と呼び、その発音を漢字で表したことに始まる。中国史研究者の塚瀬進によると、満洲を地名として使い始めたのはヨーロッパ人や日本人で、前者は1830年代頃から、後者は18世紀末～19世紀初めからという。従って、満洲はヨーロッパ人や日本人の地域概念で、そこに住む人々とは無関係に設定された言葉だったという。

こうした背景を踏まえ、以下「満洲」という語句を使用する。

満洲への日本人移民は、日露戦争（1904～1905年）の後に本格化した。

日露戦争は、日本が、朝鮮および満洲を領有するために、帝政ロシアの権力を排除することを目的とした戦争だった。日本はこの戦争に勝利した。そして、ポーツマス条約によって、ロシアから遼東半島の南端にある旅順・大連の租借権と、長春から旅順までの東清鉄道支線、さらにその付属の権利を入手した。租借とは、国家が他国の領土の一部を借り受けることで、租借された土地（租借地）の実質的な統治権は、租借期間中は借りた国が有する。日本は1915年、中国への二十一ヵ条要求によって、租借期間を99年間に延長した。

南満洲鉄道株式会社（満鉄）の社章

1906（明治39）年、日本は南満洲鉄道株式会社（以下「満鉄」）を政府と民間の出資によって大連に設立した。日本政府が任命する人物を総裁とし、初代総裁には、のちに関東大震災（1923＝大正12年）後の東京復興を内相兼帝都復興院総裁として担当する後藤新平（1857～1929年）が就いた。満鉄は、遼東半島の大連から長春までの鉄道経営を中心に、鉱山開発や倉庫業などにも手を広げ、さらに鉄道付属地の行政権まで持った。「満洲国」建国後には、経営委託の形で全土の鉄道を統括した満鉄は、宣伝・情報収集などの面でも大きな役割を果たし、日本の国策会社として満洲進出の拠点となった。

日本は、遼東半島の租借地を「関東州」として、旅順に関東都督府《ととくふ》を置き、この地域の軍事や行政を担当させた。1919（大正8）年には、関東都督府を「関東庁」に改組、関東都督府守備隊を「関東軍」として独立させた。関東軍は、満鉄や関東州の警備とともに、ロシア革命（1917年）を経て建国されたソビエト連邦（ソ連）に対する戦闘の準備を担う第一線の軍隊として位置づけられた。司令部は当初、旅順に置かれたが、満洲事変直後に奉天（現・瀋陽）に移り、「満洲国」成立後は新京（現・長春）に移った。

日露戦争の後、満洲在住の日本人は激増した。信濃毎日新聞社『拓民の血を訪ねて　信濃拓民小史』によると、戦前に1902人だった日本人の人口は、戦後の1907（明治40）年には3万7885人と飛躍的に増えている。もっとも、そのほとんどは満鉄の社員とその家族、他は関東庁の役人、会社員、および彼らを顧客とする商人が占め、農業者は極めて少なかった。

満洲全体概略図

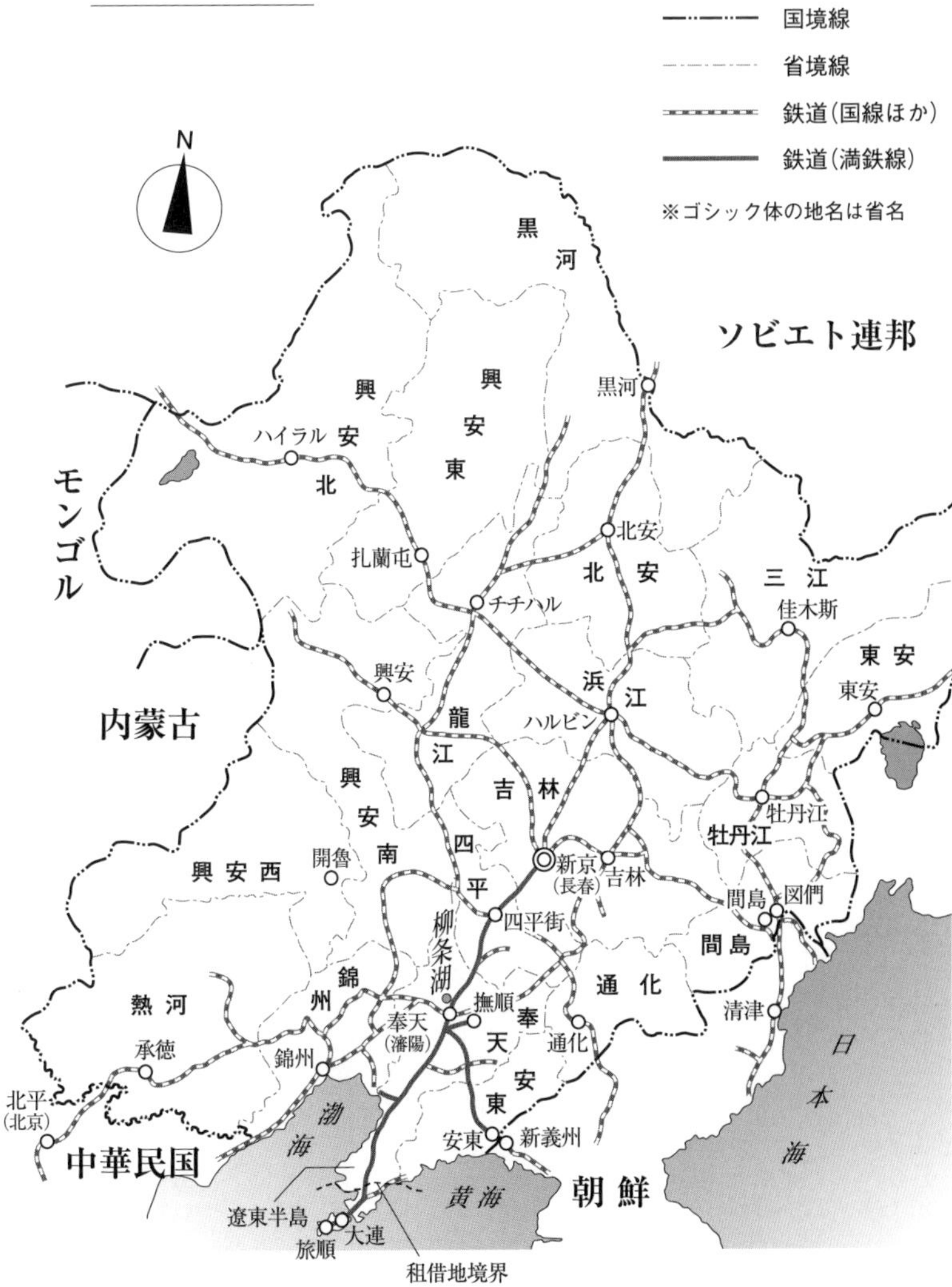
国境線
省境線
鉄道（国線ほか）
鉄道（満鉄線）
※ゴシック体の地名は省名
N
黒河
ソビエト連邦
モンゴル
内蒙古
興安北
興安東
北安
三江
東安
浜江
龍江
吉林
牡丹江
間島
興安南
興安西
四平
錦州
熱河
奉天
通化
安東
中華民国
朝鮮
黒河
ハイラル
北安
扎蘭屯
チチハル
佳木斯
興安
ハルビン
東安
牡丹江
開魯
新京
（長春）
吉林
間島
図們
四平街
柳条湖
撫順
奉天
（瀋陽）
清津
通化
承徳
錦州
北平
（北京）
安東
新義州
渤海
黄海
日本海
遼東半島
旅順
大連
租借地境界

そこで1914（大正3）年、満鉄付属地に鉄道守備隊（関東軍）の退役兵を配備して、農業に従事させることにした。翌年には最初の移民村として、山口県の愛宕《あたご》村と川下《かわしも》村《そん》（ともに現・岩国市）の19戸の農民を入植させて、両村から1字を取った「愛川村」を新設した。

1929（昭和4）年には、満鉄が出資して満洲移民の専門会社「大連農事株式会社」が設立された。この会社は、満鉄副総裁を前年に務めた松岡洋右《ようすけ》の「今日の悪化せる日支《ママ》間の関係を打開する根本的方策は土地に定着する日本農民の移植によるの外なし」との意見に基づいて設けられた。同社は、土地の買い入れ、移民者の募集、助成等を事業とし、当面は5000町歩（約5000ヘクタール）の土地に500戸の移民を入植させようとした。が、うまくいかなかった。『満洲開拓年鑑』には、土地の分譲価格の高値、移住後の借入金返済の重圧、集団経営に対する移住者間の精神的融和の欠如……などの理由から移民者が集まらず、結局は募集を中止され、事業は不成功に終わった――旨の記述がある。

前記以外の経路や方法で、個別に満洲に入植した移民もいたことはいた。しかし、「早期移民の規模は比較的小さく、人数も少なく」「日本に逃げ帰ったケース」もあり、移民数は1500人ほどにとどまった（佟岩・浅野慎一監訳『中国残留日本人孤児に関する調査と研究』より）。そのため、前出『拓民の血を訪ねて』には「満洲事変直前の頃は、これら農業移住者の幾多不成績に思い合せ、満洲における農業拓民は不可能であるとの悲観論もあった」と記されている。

この状況を一変させたのが「満洲事変」だった。

満洲事変と満洲国建国

１９３１（昭和６）年９月18日夜、関東軍は奉天《ほうてん》（現・瀋陽）郊外の柳条湖《りゅうじょうこ》で満鉄の線路を自ら爆破。これを「中国軍の仕業だ」と偽って軍事行動を起こした。この謀略事件の首謀者は、関東軍高級参謀（大佐）板垣征四郎（１８８５〜１９４８年）と、同参謀（中佐）の石原莞爾《いしはらかんじ》（１８８９〜１９４９年）らであった。特に石原は、将来の日米戦争を想定する「世界最終戦争論」を唱《とな》え、その実行のために全満洲の植民地化を主張した。関東軍は、朝鮮軍の支援を得て満鉄沿線の主要都市を次々と占領し、中国東北部一帯を支配下に置いた。こうした日本の武力占領に対して諸外国の批判は高まり、国際連盟はリットン調査団を派遣した。

満鉄が1934（昭和9）年から走らせた超特急「あじあ」号。流線型の機関車が象徴的で、新京～大連間 700kmを8時間30分で結んだ＝『満洲と満鉄／昭和14年版』より

満洲の首都の玄関口、新京駅の駅舎。正面のペディメント（三角形）が印象的な建物は1914年の完成＝『満洲と満鉄／昭和14年版』より

1932（昭和7）年3月1日、関東軍は清朝最後の皇帝・愛新覚羅溥儀《あいしんかくらふぎ》（1906〜1967年）を執政とする「満洲国」を建国した。首都は、長春をあらためた「新京」とし、元号を「大同《だいどう》」と定めた。

建国時、満洲は吉林省、奉天省（遼寧省を満洲事変直後に改称）、黒竜江省の「東三省」で構成していた。満洲国は、この3省による連合国家の形式をとるため、いったん各省を中華民国から独立させ、そののちに再結集させた。しかし、連合は対外的なポーズであって、実態は中央政府によって支配された。

省の数は、当初の三省から分割、新設などで増え、1941（昭和16）年には19省となった（奉天、興安北、興安南、興安東、吉林、熱河、興安西、黒河、三江、浜江、間島、安東、錦州、竜江、牡丹江、通化、東安、北安、四平）。その後1944年に興安北、南、東、西の4省を統合して興安総省とした。面積は約119万平方キロで、現在の日本の約3倍、人口は約3400万人で、うち約23万人が日本人だった。

満洲国が掲げたスローガンは「五族協和」「王道楽土《らくど》」の建設。五族とは漢族、満洲族、蒙古（モンゴル）族、朝鮮族、日本を指し、これら5民族は平等である――とうたわれた。国旗は、五族協和を表すため、満洲を意味する黄色地に、赤＝日本、青＝漢、白＝モンゴ

大連の中心部にあった円形の大広場。大連の人口は約57万人、うち日本人は約17万人だった（昭和14年人口調査）＝『満洲と満鉄／昭和14年版』より

満洲国の首都、新京の大通り「大同大街」の風景。新京の人口は約37万人、うち日本人は7万7000人だった（昭和13年人口調査）＝『満洲と満鉄／昭和14年版』より

ル、黒＝朝鮮の4色の線が入れられた。国章も、この5民族を象徴する5弁の蘭花とされた。

とはいえ、満洲国の実態は関東軍が政治の実権を握る、独立国とは名ばかりの「傀儡《かいらい》国家」だった。満洲国政府の中央行政組織は、諮問機関の「参議府」を置き、執政の下で行政機関として「国務院」を形式的に置いていた。立法機関である「立法院」は設置する予定とされたまま、結局開設されなかった。現実には、関東軍司令官の下、中央官庁の総務省が、中央機関である各部（民政、外交、軍政、財務、実業、交通、司法の7部。のちに9部）と地方機関（省・県）を指揮・統制。総務長官と各部の次長には日本人が充てられ、この総務長官以下の日本人官僚によって満洲国は支配・運営された。

スローガンの「五族協和」も民族協和をうたったものだったが、現実は日本人を「指導民族」に位置づけ、他の民族を差別・抑圧するものだった。結局のところ「王道楽土」とは、日本にとってのそれでしかなかった。

1932年9月、日本政府（斎藤実内閣）は「日満議定書」を締結し、満洲国を国家として承認した。1934（昭和9）年3月、満洲国は帝政に移行し、溥儀が皇帝に。国号は満洲帝国、元号は「康徳《こうとく》」となった。従って昭和9年は、康徳元年となる。

こんな日本の傀儡国家・満洲国（帝国）に対し、当然ながら以前からその地に暮らしてきた中国の民衆は激しく抵抗し、東北義勇軍による「反満抗日」の武装闘争が展開された。関東軍、関東憲兵隊、満洲国軍・警察は、これらの地元民衆の抗日運動を武力で弾圧すると同時に、日本からの武装移民を投入することで植民統治を補強しようとした。

日本は、「満洲は日本の生命線」と掲げ、大量の移民者を満洲へと送り込んだ。その数は１９３２年10月から45（昭和20）年5月までの14年間で、開拓団数１０００余団、開拓移民数22万３５９人、青少年義勇隊員数10万１５１４人、合計人数32万１８７３人に上る（佟岩・浅野慎一監訳前掲書より）。

多くの日本人移民を満洲に送出した目的について、日本の植民地政策に詳しい歴史学者・浅田喬二は論文「満州農業移民と農業・土地問題」の中で、「日本人を満洲で農業経営者として定着させることをねらった『経済移民』ではなく、軍事的・政治的な目的をもって行われた移民だった」と記している。そして、その軍事的・政治的任務について、次の6点に要約している。

①傀儡国家である満洲国の治安維持・確立に協力すること。日本人移民数の4割は、反満抗日武装部隊の最大の遊撃地に配置された。
②対ソ防衛・作戦上の軍事的補助者として関東軍に協力すること。移民の5割は、ソ満国境の最前線地帯へ、国境防衛のために対ソ戦用の「人間トーチカ（著者注＝鉄筋コンクリート製の防御陣地）」で有事の際には関東軍の後備兵力としての役割を担う。
③重要交通路を防衛する。満鉄沿線や重要河川沿岸、軍用鉄道の沿線に投入された。
④日本農村の「過剰人口」・「土地飢餓」を解消するため。
⑤満洲重工業地帯の防衛に協力すること。
⑥満洲に日本民族を指導的中核にした「日本的秩序」をうちたてる。

満洲移民は、1932（昭和7）年から45（昭和20）年までの足かけ14年間、年次でいうと第1次（32年）から第14次（45年）まで行われた。

武装していた最初の移民

満洲への日本人農業移民送出は満洲事変以後、「国策」移民として動き出した。中心になったのは、教育者で農本主義者・加藤完治（1884〜1967年）のグループと、関東軍の東宮鉄男《とうみやかねお》（1892〜1937年）らであった。

加藤完治グループとは、加藤の行動を理論的に支えた東京帝国大学教授の那須浩、京都帝大教授の橋本伝左衛門らの集まり。加藤らは、日本国内の農業恐慌対策として満蒙《まんもう》（中国東北部と内モンゴル）開拓を位置づけた。1929（昭和4）年10月、アメリカに始まった恐慌は、資本主義世界を巻き込んで未曾有の世界恐慌に発展した。1930年、この影響は日本にも波及し、浜口雄幸（1870〜1931年）内閣のデフレ政策による不況と共に二重の打撃を日本に与え、昭和恐慌をもたらした。

特に農村ではアメリカへの生糸輸出の減退から繭価が暴落し、養蚕に頼っていた農業収入も激減した。加えて1930年の豊作による米価の暴落、翌31年東北・北海道の大凶作とがあいまって深刻な農業恐慌が進行した。農業恐慌下で疲弊した農村を救済する方途として加藤らは、農村の「過剰人口」を満蒙開拓に送り出すことを考え、移民を管轄する拓務省に働きかけた。他方、東宮たち関東軍も、満洲の治安対策と対ソ防衛のための〝屯田《とんでん》兵的《へい》〟な農業移民＝準軍隊的な役割を担った農業移民の入植を必要とした。

この両者が結びつき、移民を担当した拓務省を動かした。同省は１９３２（昭和７）年３月、入植計画を立案し、第１期計画として「10年間で10万戸を移民させる」ことにした。また、関東軍も同年１月、奉天の関東軍司令部に「満蒙に於ける法制及び経済政策諮問会議」を召集し、移民実施方針をまとめた。会議終了後、関東軍は直ちに「移民方策案」「日本人移民案要綱」「屯田兵制移民案要綱」などを制定し、10〜15年の間で満洲に屯田兵移民1万人、国防移民10万戸を入植させることを提案した。

拓務省は、１９３２年８月、第１次（第１年度）の移民者５００人を試験的に送り出すため、臨時議会に満洲開拓費として追加予算を提出し、承認を受けた。いよいよ試験移民が動き出すことになった。


第１次試験移民は、東日本の東北６県と新潟、茨城、栃木、長野、群馬の計11県を募集対象区域とした。そして、団員は「在郷軍人で農業に従事中の者」とした。在郷軍人は、兵役を終えて予備役・後備役などに退いた退役軍人（在郷軍人）のことで、「帝国在郷軍人会」（１９１０年創設）として組織されていた。在郷軍人とした理由については「治安

日本人開拓民の年次ごとの入植人員

期	年次	年度　昭和（西暦）	移民数
試験移民	第1次	7年（1932）	1,557
	第2次	8年（1933）	1,715
	第3次	9年（1934）	946
	第4次	10年（1935）	3,539
	第5次	11年（1936）	7,707
		小　計	15,464
本格的移民	第6次	12年（1937）	7,788
	第7次	13年（1938）	30,196
	第8次	14年（1939）	40,423
	第9次	15年（1940）	50,889
	第10次	16年（1941）	35,774
		小　計	165,070
衰退・崩壊	第11次	17年（1942）	27,149
	第12次	18年（1943）	25,129
	第13次	19年（1944）	23,650
	第14次	20年（1945）	13,545
		小　計	89,473
		合　計	270,007

渡辺雅子『満洲分村移民の昭和史』より作成

上必ずしも完《まった》からざる故」（募集要項）とあるように、治安対策のためだった。第１次、第２次の移民団は、予備役陸軍中佐に率いられ、小銃、機関銃、迫撃砲で武装した文字通りの武装移民であった。満洲移民が「国策兵農移民」と呼ばれたことから、全部が武装移民と考えがちだが、「武装」は第１～２次を指す。完全な治安能力までは要求されていなかったとはいえ、第１次試験移民は「特別農業移民」＝武装した移民者、つまり「武装移民」であり、通常の「普通移民」（軍隊経験のない農業者など）ではなかった。

第１次試験（武装）移民団４２３人は、加藤完治が主宰する日本国民高等学校（茨城県友部町、現・笠間市）など日本国内３ヵ所の訓練所で20日間の精神面を中心とした訓練を受けた後、同年10月に日本海を渡り、満洲北部の佳木斯《ジャムス》付近に入植した。これが第１次弥《や》栄《さか》村開拓団（吉林省樺川県永豊鎮）である。

続いて第２次試験移民団は、翌１９３３年７月、第１次の永豊鎮から10キロ南の七虎力《しちこりき》に入植。翌年、永豊鎮近くの湖南営に移動した。これが第２次千振《ちぶり》開拓団（吉林省樺川県湖南営）である。

徐々に「営農移民」――国策へ

第1次弥栄、第2次千振の開拓団について、満洲移住協会理事・佐藤貞次郎は次のように述べている。

両移民団はいわゆる武装移民であって、右手に鍬《くわ》、左手に銃をとりつつ農耕に従事したのであります。そのために開拓計画に齟齬《そご》をきたしたばかりでなく、移民自身匪《ひ》賊《ぞく》の来襲に備えなければならず、貴い犠牲者をも出す結果になったのであります。

――『成功途上の満洲移民』より

事実、日本人の入植に反対する反満抗日武装勢力の「襲撃」は、第1次弥栄開拓団の佳木斯への上陸時から始まった。

満洲開拓年鑑によると、当時は「在満匪賊35万」(匪賊=集団的に略奪などを行う賊の呼称として使用されたが、反満抗日勢力も日本側は一方的に匪賊と呼んだ)と称され、国境方面も油断はならなかった。第一、畑に種をまいて、何がどのくらい収穫できるのかも分からない五里霧中の状態。冬を控えた時期入植の早々、匪賊の襲撃によって建設資材を奪われるといったこともあった。討匪を半年も継続せねばならぬというありさまで、種まきもままならず、115人が退団してしまった。

1934（昭和9）年3月、日本人移民に反対する現地民の大規模な反乱が起こった。「土竜山《どりゅうざん》事件」である。依蘭《いらん》事件、または謝文東《しゃぶんとう》事件とも呼ばれる。

土地収用に反対する中国人が、土竜山村の有力者・謝文東をリーダーに土竜山の警察署を襲撃、さらに第1次、第2次開拓団を襲い、攻囲作戦を展開した。しかし、来援した関東軍によって2ヵ月余で鎮圧された。歴史学者・加藤聖文《きよふみ》は著書『満蒙開拓団』の中で、この事件について「単なる土地を追われた現地民の不満の表出ではなく、郷村実力者の立場が、中央集権化を進め満洲国が出現したことで不安定化し、それが土地買収という混乱を機に一気に表面化したもの」と指摘している。

この土竜山事件を受け、満洲を統治する関東軍は、反満抗日武装勢力に対する弾圧を強化する一方、中国人との「融和」を考えた対応も行うようになる。

その一つが、移民送出の条件の緩和だった。募集対象を在郷軍人だけでなく、一般人や技能者にも広げた。募集地域も東日本の寒冷県だけでなく、西日本にまで拡大した。この新たな条件を「試験」するため、1934年11月に入植したのが第3次試験移民団＝第3次瑞穂《みずほ》村開拓団（北安省綏棱県北大溝《ほくたいこう》）である。同開拓団は、中国人を刺激しないように全員が武装することを避け、やむを得ない場合でも使用するのは最小限度の自衛火器だけ、とした。服装も、軍服類似のものは着用せず、さらに移民団の名称を通常の移民団のように「第3次特別農業移民団綏棱《すいりゃん》開拓組合」とし、営農第一主義を印象付けた。

続く第4次試験移民団は、募集を在郷軍人以外の満33歳までの既婚者農民にさらに拡大し、開拓団を2団に分けた分散入植を試みた。これが1935（昭和10）年入植、第4次開原城子河《かいげんじょうしが》開拓団（東安省蜜山《みつざん》県城子河、のちに吉林省舒蘭《じょらん》県開原へ移転）と第4次哈達河《はたほ》開拓団（東安省鶏寧《けいねい》県哈達河《はたほ》）である。

試験移民を推進した機関は、拓務省と陸軍省だった。団員の募集は、当初は在郷軍人が対象だったため、帝国在郷軍人会が担当し、各府県では在郷軍人会と学務部社会事業係などが当たった。募集条件を農民に拡大した第4次からは、在郷軍人会に代わって、拓務省が前面に出て全国に募集の指示を出した。

入植形態は、第1次から第3次までが「全国混成集団武装移民」で各1開拓団、第4次が「全国混成集団移民」で2開拓団だった。ここで言う「集団移民」とは、200戸から

３００戸で編成される開拓団を指す。他に30戸から１００戸で編成される「集合移民」、それ以下で編成される「分散移民」がある。拓務省が主管した移民は、集団移民が圧倒的だった。

第１～４次の試験移民について、移民推進者たちはどのように評価したのだろうか。前出の佐藤貞次郎は、次のように述べている。

今昭和11年３月入植した第４次移民団はしばらく措《お》き、過去三次にわたって渡満した移民数は１２８５名、内戦病死者43名、退団者３６７名、その後40名を補充し、現在員８９４名であります。当初の入植者数に対する退団者の割合は二割八分強にあたり、ともかく退団者を出したことは遺憾ではありますが、この程度の落伍者で安定を見たということは何人も成功とするに躊躇《ちゅうちょ》しないでありましょう。しかも脱退者の多くは応募に際して意思疎通を欠いたことに原因し、移民生活の前途に対する悲観に基《もと》づくものではないのであります。退団者の全部が昭和８、９の両年に脱退しており、昭和10年には一人の退団者を見なかったという事実はこれを裏書きするものであり、移民団の安定を語るものと言うべきであります。（中略）政府は内地農村の窮迫を救うため各種の施設《マヽ》をしていることは誠に結構であります。しかしながら耕地に対する人口過剰、この根本的病根を取り除くためには国際政治の不安から絶縁せられ、なお一千六、七百万町歩に上る未墾の沃野《よくや》を有する満洲に対し確固たる移民国策を樹立し、之が実現を期する事が焦眉《しょうび》の急務であると信ずるのであります。

――『成功途上の満洲移民』より

試験移民を是《ぜ》とし、さらに「移民国策」を樹立し、満洲移民の加速化を求める意見である。

これを主張したのは、佐藤だけではない。関東軍をはじめ満洲に対する政治的・軍事的・経済的な思惑を持った組織と人脈は、次の段階へと動き出す。1937（昭和12）年、満洲移民は試験移民から大量移民の時代に移る。

なお、1936（昭和11）年9月、第5次移民団として四つの開拓団が東安省虎林《こりん》線沿線に入植している。全国混成集団移民の第5次永安村開拓団、朝陽村開拓団、黒台《こくだい》開拓団と、長野県単位集団移民の黒台信濃村開拓団である。

また、これら拓務省主管の移民とは別に、民間による「自由移民」の入植もあった。天理教移民団や長野県の松島自由移民団などだった。松島自由移民団は、下伊那郡市田村（現・高森町）出身の松島親造《ちかぞう》（1886～1944年）が、下伊那全郡の人々を集めてつくった移民団で、4ヵ所に入植した。同移民団については、後述する。

国策推進で移民本格化

1936（昭和11）年5月9日、関東軍は第2回移民会議を開いて「満洲農業移民百万戸移住計画」をまとめた。

計画では、目標を「満洲に対する内地人　農業移民は概ね二十ヶ年間に約百万戸（五百万人）を目途として入植せしむものとす」として以下、移民要員、要地、区分、入植、助成、移民所要資金などについて記述している。

この時期、関東軍が大量移民計画を立案した背景について、加藤聖文は満洲国をめぐる軍事環境の急激な変化があった、としている。

1934（昭和9）年6月頃の極東ソ連軍の総兵力は推定23万人。この数字は日本陸軍の平時全兵力と同じで、そのうち関東軍は5万人、朝鮮半島に駐屯する朝鮮軍を合わせても極東ソ連軍の3割にも満たなかったという。さらに、1935（昭和10）年には日ソの戦力差はさらに拡大し、関東軍の劣勢が明らかになった。

こうした背景から加藤は「関東軍は対ソ兵力劣勢を補うために、大量の人的戦力と有事の際の軍事拠点を満洲国内で確保しなければならなかった。そのためには、ソ連軍の攻撃を受けた際に動員できる日本人移民を大量に入植させ、軍事補給拠点となり得る移民村をソ満国境周辺に増設することが急がれた」と分析し、「関東軍にとって日本人移民を中心とした北満開発は、満洲国の発展という経済的理由以上に対ソ戦という軍事的理由から急務」だったと指摘。つまり、移民希望者の急増があって立案した計画ではなく、軍事的な要請から立案された計画だったのだ。

関東軍の差し迫った事情（軍事的必要性）に立脚して立案された「移住計画」案は、拓務省で「二十ヵ年百万戸送出計画」として、1936年7月に決定された。拓務省案は、関東軍案を基本的に踏襲したものだった。同年2月、「二・二六事件」が起こった。このクーデターによって殺害された政府要人の中に大蔵大臣・高橋是清《これきよ》（1854〜1936年）がいた。満洲移民に反対していた高橋蔵相の死によって反対論は弱まり、満洲移民は一気に加速する。拓務省の「送出計画」は、二・二六事件で退陣した岡田啓介内閣に代わって発足した広田弘毅（1878〜1948年）内閣によって、同年8月に「七大国策」の一つに採り上げられた。これによって「二十ヵ年百万戸送出計画」は国家政策（国策）となり、以後、満洲移民は国家主導の「国策移民」として推進されることになった。本格的な大量移民時代の始まりだった。

「二十ヵ年百万戸送出計画」の根底には「20年後における満洲の人口の1割を日本人にしたい」という考えがあった。20年後、つまり1956（昭和31）年の満洲の推定人口を5000万人（36年当時3400万人）として、1割の500万人が日本人の人口となり、1戸5人家族として100万戸——という計算だった。この100万戸を送り出す期間の20年間を4期に分けて、第1期（1937〜41年）に10万戸、第2期（42〜46年）に20万戸、第3期（47〜51年）30万戸、第4期（52〜56年）40万戸とした。

第1期5ヵ年計画の初年度となる1937（昭和12）年度の目標を6000戸、38年度を1万5000戸、39年度を2万1000戸、40年度を2万8000戸、そして最終年度の41（昭和16）年度の目標を3万戸とした。

国の年度目標が決まると、その目標を達成するために府県の年度目標が割り振られた。国から年度目標を割り当てられた府県は、管内の市町村に目標値を割り振った。こうして国―府県―市町村の全てが、20ヵ年の数値目標を与えられ、このノルマを達成するためにさまざまな「強制」と「勧誘」が繰り広げられることになった。

推進体制も強化された。それまで主に関東軍・陸軍省と拓務省が管轄していた移民活動を国策に対応させ、国家的な体制にした。政府内部では、拓務省に加え、新たに農林省が参画し、文部省（満蒙開拓青少年義勇軍を担当）、内務省（府県・市町村を所管）、厚生省（失業者・空襲罹災者の移民担当）、商工省（転業移民を担当）、大蔵省など関連省も加わった（加藤、前掲書）。満洲事務局、企画院などの部門も、共同で移民事務を扱うこととなった。

また、地方では府県の職業、社会、社会教育の各課が移民事業を兼務した。さらに、試験移民時代から関わっていた帝国在郷軍人会はもちろんのこと、大日本青年団、大日本連合婦人会、帝国農会、帝国教育会なども「満洲開拓協力協会」を結成。政府や、府県の海外協会などの諸団体と密接に協力して、移民の募集、訓練、および宣伝活動を担った。

農林省参画し「分村」推進

移民事業への農林省の参画は、国策としての移民が本格的に推進される中で、特に重要な意味を持った。

農林省はこの段階まで、満洲移民に直接的には関わっていない。同省は、昭和恐慌後の深刻な農村不況に対して、１９３２年から農村建て直し運動として経済更生運動を進めていた。これは農村の救済を目的とした官製国民運動で、満洲移民とはもともと別のものだった。しかし「二十ヵ年百万戸送出計画」で実際に満洲に送り出されるのは、大部分が農村在住者である。このため、移民が国策扱いとなった段階で、農村を管轄した農林省が参画することになった。農林省は、経済更生運動に満洲移民事業を取り込んだ。それが「分村移民」計画となる。

分村移民は、母村の〝適正規模〟を超える〝過剰農家〟を満洲へ移住させ、現地に村を建設させる――という考え方に基づく。この方式は、満洲移民にとって村を単位にまとまった移民数が確保でき、家族・地域のつながりをベースにした分村建設ができる点にメリットがあった。加えて、母村にとっても過剰人口を満洲に移住させることで、農地問題や小作争議など行き詰まっていた農村問題の解決が期待できた。市町村単位の「分村」が困

▲厚手の婦人服を着た千振開拓地の人たち＝『満洲と満鉄／昭和14年版』より

▶千振開拓地で農作業から帰宅する人たち＝『満洲と満鉄／昭和14年版』より

難な場合には、もう少し地域を広い単位（隣接市町村、郡など）とした「分郷移民」方式が採られた。

大量移民に対応した「分村・分郷」移民は、この時期の理想的な方法として推奨されることになる。農林省は1938（昭和13）年度から経済更生運動に満洲分村移民を加え、「経済更生運動指定村」（毎年1000町村を指定）の中から「分村計画指定村」を指定して補助金を支給した。分村・分郷には、国庫補助金をはじめ国・県からの助成や補助といった資金援助があったほか、母村にも自作農創設維持資金や負債整理融資などがあった。また、農林省の「経済更生特別助成村」に指定されると、さらに助成金や資金融資が受けられた。これが国策だった。そして、窮乏した村々は、この補助金攻勢に翻弄された。

佐々木忠綱が、大下条村長として満洲移民に向き合ったのは、この時期だ。

「二十ヵ年百万戸送出計画」がスタートした1937年7月、盧溝橋《ろこうきょう》事件（北京近郊で起こった日本軍、中国軍の衝突）を発端に、全面的な日中戦争が始まった。戦争は長期化し、1945年まで続くことになる。この戦争に移民適齢者が大量動員され、また、軍需産業にも新たな労働力として吸収された。そのために移民する人が集まらず、第1期5ヵ年計画は計画達成には程遠い状態となった。

そこで、青壮年層の移民者不足を補うために動員されたのが「満蒙開拓青少年義勇軍」だった。

義勇軍の応募資格は、数え年で16歳から19歳まで、学歴は尋常小学校卒で、職歴は問わなかった。義勇軍に入隊すると、内原訓練所（茨城県内原町、現・水戸市）で約2ヵ月、満洲の現地訓練所で約3年の農事訓練と軍事訓練を受けたのち、開拓地に入植した。入植地は、多くがソ連との国境地帯であった。内原訓練所は、1935（昭和10）年に友部町から移転してきた加藤完治の日本国民高等学校に隣接して開設され、加藤が所長だった。「義勇軍」と呼んだが、満洲の現地では「軍」を避けて「義勇隊」と呼び、武装色を薄めた。

大量の移民を受け入れる移民用地を確保する必要も生じた。その任に当たったのが、1937年9月に設立された「満洲拓殖公社」（満拓）だった。満拓の前身は1935（昭和10）年に設立された満洲拓殖株式会社。満拓は、開拓用地の取得管理および処分のほかに、移民者への資金の貸し付け、物資の配給、生産物の販売あっせん、出資金・金融……など、業務は幅広かった。その後、満洲国は土地整備事業を国家直営とし、土地造成のための特殊法人として１９３９年６月に「満洲土地開発株式会社」を設立。これらの開拓用地には、未墾地もあったが、多くは現地農民の土地を収奪したものだった。

こうして第一期五ヵ年計画を達成させるため、国家総がかりの取り組みが展開された。その結果は、70ページの表「日本人開拓民の年次ごとの入植人員」の通りである。

なお、１９３９（昭和14）年12月に成立した「満洲開拓政策基本要綱」で、用語として「開拓」の使用が決められた。移民は「開拓民」に、移民団は「開拓団」、移住地は「開拓地」、移民政策は「開拓政策」と改められた。

とはいえ、現地の中国人から奪った既墾地（強制収用地）に入植したことなど、開拓とは程遠い満洲移民の実態をごまかすものだった。前述の「第１次弥栄村開拓団」等の名称は、この要綱に従ったものだった。

国策の衰退と崩壊――終戦へ

１９４１（昭和16）年12月８日、日本はアジア太平洋戦争に突入する。この日から１９

45年8月14日（ポツダム宣言受諾）までの満洲への移民の特質は、計画の破綻と続行、本質の露呈と棄民――に集約される。

計画の破綻は、戦争の拡大と長期化によって明らかになる。移民応募者は激減。計画の人数を集め、送り出すことが困難となったばかりか、既出の現地開拓団も欠員が増え「虫食い団」状態となる。にもかかわらず計画は続行され、ノルマ達成のため第1期5ヵ年計画の当時以上に官僚組織を動員し、各府県への移民割り当て体制は強化され、締めつけが強まった。第5章で掘り下げる、佐々木忠綱の苦悩と戦いは、この時期のことになる。

満洲移民の本質が露呈されるのもこの時期の特徴だ。対ソ防衛と食糧確保が前面に強調され、「五族協和」も「王道楽土」も後景に退いた。現地召集の「根こそぎ動員」によって、開拓団は、召集されなかったわずかな男性を除けば、老人と子ども、そして女性ばかりとなった。そして1945年8月9日「棄民」が明らかとなる。

これらについては後章（第5章、第7章）で扱う。

都道府県別 満洲移民送出人数の順位

順位	都県名	開拓団員	義勇隊員	合計
1	**長野**	**31,264**	**6,595**	**37,859**
2	山形	13,252	3,925	17,177
3	熊本	9,979	2,701	12,673
4	福島	9,576	3,097	12,670
5	新潟	9,361	3,290	12,641
6	宮城	10,180	2,239	12,419
7	岐阜	9,494	2,569	12,090
8	広島	6,345	4,827	11,172
9	東京	9,116	1,995	11,111
10	高知	9,151	1,331	10,082
	総計	220,359	101,514	321,874

以下の順位
11～秋田、静岡、青森、香川、石川、山口、岩手、岡山、鹿児島
21～奈良、富山、福井、山梨、愛媛、兵庫、埼玉、佐賀、栃木、大阪
31～三重、鳥取、茨城、宮崎、京都、徳島、和歌山、北海道、福岡、島根
41～沖縄、大分、愛知、長崎、千葉、神奈川、滋賀

（注）昭和20年5月頃の各都道府県別送出数に基づく。
蘭信三『「満州移民」の歴史社会学』より作成

長野県の満洲移民

長野県は、多くの満洲移民を送り出した。

87ページの表「都道府県別満蒙開拓団送出人数の順位」を見ると、開拓団員も青少年義勇軍も全国1位。開拓団員は2位の山形県、義勇軍も2位の広島県を大きく引き離している。

1942（昭和17）年、時の長野県知事・永安百治は、長野県を「拓民信濃」と呼び、「盟邦満洲建国十年、その間の送出総数は五十二ヶ集団三万人を数え、質・量ともに断然群を抜いていて全国一位たり、青少年義勇軍もまた文字通り全国に先駆して、拓民信濃の面目は躍如たるものがある」（『拓民の血を訪ねて』より）と胸を張った。

では、なぜ長野県の送出数が全国で最も多かったのだろうか。その要因・背景について、長野県下伊那郡阿智村にある満蒙開拓平和記念館は、次のように指摘している。

養蚕業の衰退による経済的困窮と耕地面積の狭さです。補助金が得られる分村移民は経済更生運動の柱となり進められました。村々の不況対策と国策の満州移民が結びついていったのです。また長野県は海外移民事業に積極的な土壌があり、大正時代には信濃海外協会が設立され行政と連携してブラジル移民を盛んに送り出しています。地域や行政、教育界のリーダーの中に満蒙開拓の推進論者が多かったという人的背景も送出の後押しとなりました。こうした複合的な要因が絡まり合いながら官民挙げた運動が活発に展開されたのです。

――満蒙開拓平和記念館『図録』より

なお同館は、満蒙開拓に特化した全国唯一の記念館として2013（平成25）年に開館した専門資料館である。

長野県の中でも送出数が最も多いのが、飯田・下伊那地域だった。長年、同地域の満洲移民について研究してきた飯田歴史研究所の齋藤俊江は、飯田・下伊那の送出数を8354人としている。この人数には、報国農場（県主導で農業会が食糧増産のためにつくった農場）や、勤労奉仕隊（青年層を中心に春から秋の数ヵ月間派遣）も含んだ数としているが、それでも県の送出数の4分の1近い数字となる。

齋藤は、下伊那地域の送出が多かった背景として〝二つの地域的特性〟を指摘している。その一つは「養蚕業に頼っていた伊那谷に生糸価格が暴落し農村不況をもたらしたこと」。もう一つは「大正時代から昭和にかけて、社会主義思想が広まったのを期にその撲滅のた

第1〜4次 満洲農業移民応募状況

	応募人数（うち詮衡合格人数）				
	第1次	第2次	第3次	第4次	合計
北海道	—	—	—	—	—
青森	43（40）	32（23）	—	10（4）	85（67）
岩手	46（42）	9（4）	—	12（4）	67（50）
宮城	44（42）	52（44）	38（30）	55（34）	189（150）
秋田	128（43）	39（35）	割当なし	5（3）	172（81）
山形	48（42）	46（36）	41（33）	68（55）	203（166）
福島	44（42）	77（45）	26（25）	33（19）	180（131）
茨城	45（41）	49（25）	—	26（13）	120（79）
栃木	42（41）	46（24）	—	18（12）	106（77）
群馬	45（42）	30（20）	—	15（13）	90（75）
埼玉	—	10（10）	—	12（4）	22（14）
千葉	—	18（10）	—	4（2）	22（12）
東京	—	10（6）	—	1（0）	11（6）
神奈川	—	15（10）	—	13（6）	28（16）
山梨	—	81（40）	12（8）	24（5）	117（53）
長野	**44（41）**	**45（30）**	**31（21）**	**63（39）**	**183（131）**
岐阜	—	—	27（11）	14（12）	41（23）
静岡	—	—	—	13（10）	13（10）
愛知	—	—	—	19（8）	19（8）
三重	—	—	—	4（2）	4（2）
新潟	44（41）	111（50）	24（16）	28（22）	207（129）
富山	—	54（38）	—	3（2）	57（40）
石川	—	49（32）	—	20（5）	69（37）
福井	—	70（41）	—	6（2）	76（43）
滋賀	—	—	—	20（4）	20（4）
京都	—	—	—	13（2）	13（2）
大阪	—	—	—	1（0）	1（0）
兵庫	—	—	—	5（2）	5（2）
奈良	—	—	—	16（10）	16（10）
和歌山	—	—	—	10（6）	10（6）
鳥取	—	—	13（6）	6（4）	19（10）
島根	—	—	8（4）	5（3）	13（7）
岡山	—	—	—	15（9）	15（9）
広島	—	—	17（9）	20（4）	37（13）
山口	—	—	10（4）	9（4）	19（8）
徳島	—	—	—	11（5）	11（5）
香川	—	—	—	9（5）	9（5）
愛媛	—	—	—	10（10）	10（10）
高知	—	—	35（20）	12（8）	47（28）
福岡	—	—	7（1）	—	7（1）
佐賀	—	—	36（32）	10（6）	46（38）
長崎	—	—	—	11（3）	11（3）
熊本	—	—	68（51）	36（31）	104（82）
大分	—	—	—	6（3）	6（3）
宮崎	—	—	—	5（2）	5（2）
鹿児島	—	—	23（16）	27（9）	50（25）
沖縄	—	—	—	—	—
合計	573（457）	843（523）	416（287）	723（406）	2555（1673）

加藤聖文『満蒙開拓団』より作成

めに立ち上がった地域右翼の台頭」があり、これが満洲移民の送出を「県・村行政の後ろ盾となりささえていたこと」とした。そして、その結果として、満洲移民は国から県へ、県から町村会へ、町村会から村へ、村では部落に至るまで、驚くほどの速さで下され、青少年義勇軍は信濃教育会から下伊那教育会を通して指導されていったという（「下伊那地域における満洲移民の送出過程」より）。

長野県は全国１位の送出県だったが、90ページの表「第１〜４次　満洲農業移民応募状況」からも分かるように、試験移民の当初から多かった訳ではない。長野県の移民が加速するのは、一県一村計画として全国に先駆けて実現した１９３６（昭和11）年「第５次黒台信濃村開拓団」からだ。

信濃村とは、元々は長野県（信濃海外協会）が南米ブラジルの移民で採用した方式だった。同県、同郷の人たちによって〝第二の長野県〟や故郷をつくる取り組みで、本方式を１９３２（昭和７）年に採り入れたのが「満洲愛国信濃村」構想だった。この構想は、信濃海外協会を中心に進められたが、不況のために建設資金が集まらず、計画通りに進まなかった。しかし、満洲移民が国策となり、一県一村計画が採用されたことで、黒台信濃村が日の目を見ることになった。この方式は37年「第６次南《みなみ》五《ご》道崗《どうかん》長野村開拓団」、38年

「第7次中和鎮《ちゅうわちん》信濃村開拓団」、そして39年「第8次張家屯《ちょうかとん》信濃村開拓団」と続く。

一方、1936年に「満洲農業移民百万戸送出計画」が決定し、国策移民が強化されると、長野県は「一町村一部落建設ニ関スル要項」を発表。37年11月からは〝経済更生の困難な町村〟から先行して移住させ、1町村からの集団移住で1部落を建設させる分村移民を推進した。その先陣を切ったのが1938(昭和13)年に南佐久郡大日向《おおひなた》村(現・佐久穂町)から送り出した「第8次大日向村開拓団」だった。大日向村は分村移民のモデルとして、全国に喧伝《けんでん》された。


さらに、日中戦争の拡大によって農村の労働力不足が深刻化し、村単位での開拓団送出が困難になる中、長野県は「ブロック分村計画促進協議会開催の件」を1938年4月に通達し、「分郷開拓団」の送出へと方針転換した。分村・分郷移民によって、長野県は全国一の送出県となって行く。結果として、長野県が送り出した分村移民は12分村開拓団、分郷移民は24分郷開拓団だった。

そして1943(昭和18)年4月、長野県が分村・分郷移民を強力に進めることになる〝決定的な出来事〟が起こった。

全国地方長官会議の席上でのこと。昭和天皇が当時の長野県知事・郡山義夫に対し、特に「長野県民の満洲開拓移民の状況はどうか」と下問《かもん》した。これは、長野県が全国府県別送出数第1位となったことから問いかけられたものだった。郡山は「目下満洲にある県民は、開拓に懸命の努力をいたしておりますが、県におきましても、その後続部隊の養成錬成に万全を期しております」と奏上した。

帰庁した郡山は、全庁員に「大御心に応え奉らん」と題し、天皇から下問された感激と共に、移民送出をさらに強化する決意を述べた。長野県が移民送出を強めたきっかけとなった、重要な一件である。

満蒙開拓青少年義勇軍の送り出しも強化された。送出の数は、国から県へ、そして県は市町村に割り当てた。さらにその人選は信濃教育会の郡市教育会に委ねられ、学校別に送出の人数を決定した。学校では、送出数のノルマを達成するため、担任の教師が教え子に満洲行きを勧め、父母の説得に家庭訪問を繰り返した。多くは農家の次男、三男が送り出されることになり、ソ満国境近くに配備されていった。その結果が、1945年8月9日未明のソ連軍の軍事侵攻による逃避行、「シベリア抑留」として知られる収容所での捕虜生活につながった。

最も多くの移民を送り出した分、長野県は全国で最も多くの犠牲を生んだ県となった。

第４章

忠綱が見た満洲移民

忠綱、村長になる

1937（昭和12）年4月。佐々木忠綱は、選挙で大下条村の村会議員に選出された。翌5月26日、村会議員12人の互選で第35代村長となった。39歳という、異例の若さでの村長誕生だった。このときから1940年7月まで、3年1ヵ月にわたる佐々木村政が始まった。

当時、村政の中心課題は和知野《わちの》川発電所の設置問題だったが、就任から2ヵ月後、北京西南郊外で演習中だった華北駐屯日本軍と中国国民革命軍第29軍との衝突「盧溝橋《ろこうきょう》事件」が発生。それを契機に日中が全面戦争（日中戦争）に突入すると、地方の政治は大きく戦争政策に組み込まれるようになり、それは山間の小村も例外ではなかった。満洲移民も「本格的移民期」（1937〜1941年）に入り、分村・分郷移民が国家政策として強力に進められていった。

1938（昭和13）年4月、長野県は「ブロック分村計画」を打ち出した。これは、県のブロック分村計画促進協議会によって立てられた方針で、郡あるいは町村単位で分村・分郷開拓団を編成する内容。この方針を受け、県内各地で協議会が開かれ「満洲国〇〇郷建設計画」が立案されていく。

大下条村も下伊那郡内で近隣の竜丘村、川路村、三穂村（以上、現・飯田市）、下條村、富草村（現・阿南町）の6ヵ村で構成する「満洲国竜峡郷」建設へと歩を進め、「満洲国竜峡郷建設大綱」「竜峡郷満蒙開拓協会規約」を作成した。ただし、竜峡郷計画は川路村が1938年4月に単独分村を決定したため、実現しなかった。

竜峡郷を模索した各村には、移植民後援機関が組織され、満洲への移民をバックアップした。大下条村にも「大下条村満洲農業移民後援会」がつくられ、移民者には1人当たり50円が交付された。竜丘、川路、三穂の各村も同様だった。大下条村の後援会長は、村長の忠綱だった。

満洲移民が村政に大きな位置を占めるようになる中、村長や村の有力者に満洲の現地を実際に知ってもらい、移民の送り出しを加速させる狙いで、下伊那郡町村長会は満洲移民地の現地視察を計画した。忠綱が村長に就任して1年後のことだった。

下伊那の満洲視察団

1938（昭和13）年5月15日。下伊那郡町村長会の「満洲農業移民地視察団」に参加する郡内の村長25人と村長代理9人、そして、県の担当者など団員40人と新聞記者の総勢41人が天竜峡に集合した。各村の代表34人は、下伊那郡37ヵ村で構成した町村長会の9割以上となる。不参加は生田（現・松川町）、清内路（現・阿智村）、平谷の3村だけだった。具体的な視察団のメンバーは99ページの表「下伊那郡町村会満洲農業移民地視察団員」の通りであった。

出発に先立って、天竜峡ホテル前で撮影された記念写真が残されている。写真左手に背広姿に帽子をかぶり、「近衛公」と呼ばれたちょび髭《ひげ》を生やした忠綱が写っている。隣には鼎村議（県議兼職）で、社会主義青年組織「LYL」のリーダーだった羽生三七の姿も見える。この時、忠綱は40歳。24日間の満洲視察の旅が始まった。

一行は天竜峡駅を列車で出発し、前年夏に全通したばかりの現在の飯田線（当時は三信鉄道、鳳来寺鉄道、豊川鉄道の3私鉄）を南下。吉田（現・豊橋）で東海道線、さらに米《まい》原《ばら》で北陸線に乗り換え、到着した福井県の敦賀に1泊した。翌16日午後、敦賀港から「サ

下伊那郡町村長会満洲農業移民地視察団員

氏　　名	職　　名
米山長一郎	大島村長
倉田　又一	山吹村長
関川　一實	市田村長
櫛原　文四郎	座光寺村助役
岡田　太門	上郷村長
羽生　三七	鼎村会議員
今村　太源治	松尾村農会副会長
代田　市郎	竜丘村長
関島　源一	川路村長
林　　造酒	三穂村長
田中　登	伊賀良村農会技手
坂井　準二	山本村長
村澤　世民	會地村助役
高坂　勝雄	伍和村長
原　　尹	智里村長
近藤　直助	浪合村収入役
平岩　平一	根羽村長
熊谷　利吉	下條村長
佐々木珍美	富草村長
佐々木忠綱	大下条村長
松村　幹陸	豊村長
金田　銀治郎	旦開村長
金田　正孝	神原村長
熊谷　長三郎	平岡村長
清水　清七	泰阜村収入役
遠山　末三	千代村助役
奥村　賢治	龍江村長
宮内　次郎	下久堅村助役
川手　正重	上久堅村長
原　　誠人	喬木村長
片桐　正治	神稲村長
武田　金造	河野村長
吉田　弘	大鹿村長
山崎　頼母	和田組合村長
今村　正業	川路青年学校助教諭
山田　亮一	飯田市会議員
須山　賢逸	長野県農林技手
淵井　英人	長野県農林技手
松本　義治	長野県社会事業主事補
平澤　善治	下伊那郡町村長会書記
小松　喜作	朝日新聞記者

下伊那郡町村長会編『満洲農業移民地視察報告書』より作成

1938（昭和13）年 満洲農業移民地視察団による視察地

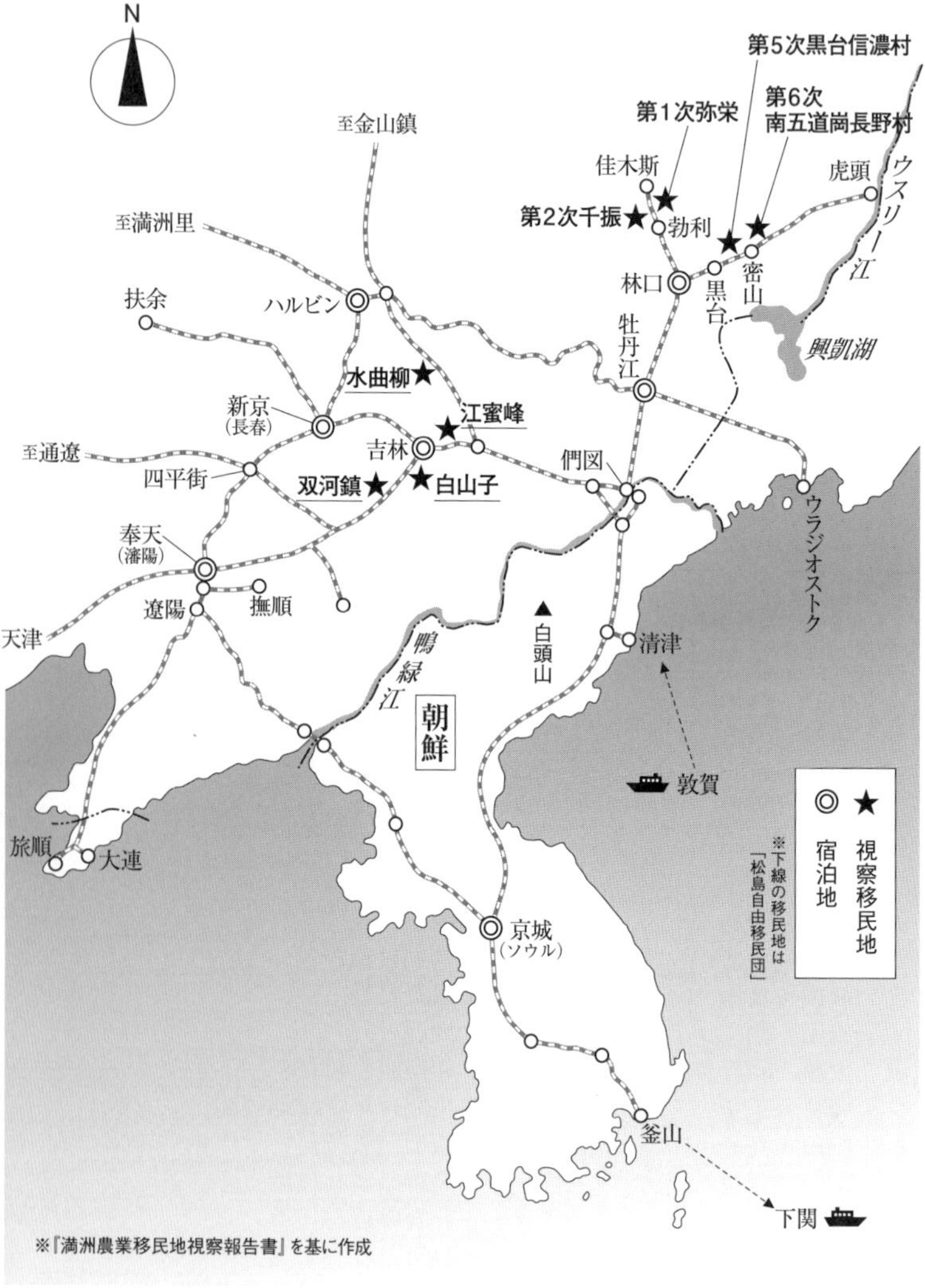

※『満洲農業移民地視察報告書』を基に作成

イベリア丸」で出航して日本海を横断、船中泊をして18日朝、ロシアにも近い朝鮮最北部の清津港《チョンジン》に上陸した。その後、鉄道などで満洲各地に出向き、開拓団入植地を視察。大連、奉天（現・瀋陽）、京城（現・ソウル）を経て釜山《プサン》から船に乗り、下関を経て6月7日に下伊那に帰ってきた。

視察地は、第1次弥栄《いやさか》村開拓団、第2次千振《ちぶり》開拓団、第5次黒台《こくだい》信濃村開拓団、第6次南五道崗《みなみごどうかん》長野村開拓団、松島自由移民団（双河鎮《そうがちん》、白山子《はくさんし》、江蜜峰《こうみつほう》、水曲柳《すいきょくりゅう》松島開拓組合。なお、水曲柳は昭和15年に独立して、水曲柳開拓団となった）。

1ヵ所につき2～3日間は滞在し、開拓村や営農地を見たり、暮らしぶりなどを開拓団の責任者から聞いた。責任者の名前は、弥栄村は訓練所長・小倉幸男、南五道崗は団長・平沢千秋、水曲柳は松島自由移民団長・松島親造らであった。

視察団は、下伊那に戻った後「満洲農業移民地視察報告書」をまとめた。

報告書は、視察した開拓団が見聞きした内容のほか、視察日記と団員名簿を付した全63ページ。報告は、移民団の現況に始まり、入植の経過、気象・交通通信文化、自治行政の状況などの項目に分けて、各開拓地の概況をまとめている。そして、結論として次の文章で報告を結んでいる。

　現地に於《お》いて発見する諸欠陥はこれを適当なる機関に建議または要望して是正し、国策の線に沿ってすすむということである。（中略）かくして我々《われわれ》は満洲の天地に動く、数百の郡同胞に会って困難は伴うが満洲農業移民は国策的見地からもまた経済更生の観点からしても、これを人に薦めうる確信を得たのである。

　つまり「移民を推進すべきだ」との結論である。
　もっとも、出発前から〝この結論ありき〟の視察ではあったが、成果として「国策」の移民政策を推進する立場が一層鮮明にされた。この視察の後、下伊那地域では、四つの分村と一つの分郷計画が実行されることになる。
　村が送出の母体となった分村移民は、川路村（第8次老石房《ろうせきぼう》川路村開拓団）、泰阜村（第8次大八浪《たあぱあらん》泰阜村開拓団）、千代村（第8次窪丹崗《わあたんがん》千代村開拓団）、上久堅村（第8次新立屯《しんりつとん》上久堅村開拓団）の4ヵ村。分郷移民は、下伊那郡町村長会が送出母体の大古洞《たいこどう》下伊那郷開拓団だった。

▲天竜峡駅を出発前に、天竜峡ホテル前で記念写真に収まる視察団一行。後ろから2列目の左から2人目が佐々木忠綱。前列左から4人目が須山賢逸（視察記念帳より）＝満蒙開拓平和記念館提供

▶上の写真の左上部分の拡大。忠綱は前列左から2人目。その右隣は羽生三七

満洲移民への「疑問」

現地視察の報告書では「人に薦めうる」地、施策として伝えられた満洲。しかし、佐々木忠綱が見た「満洲」は違っていた。

彼は、どんな満洲を見たのだろうか。

この視察で、忠綱自身が何を見、どのように考えたかを明らかにする〝当時の史料〟は残っていない。手がかりは、戦後、忠綱が語った証言をたどるしかない。

1982年の阿南町敬老大会で、忠綱は次のように語っている。

> 一次の弥栄村と五次の信濃村はよく広野を開拓してあって感心しましたが、二次の千振郷と松島自由団は旧満人《ママ》の耕地を追い出して日本人が入植したような形跡も見られ何となく不安が残りました。そして、ハルビン市内等で日本人が満人に対して、一寸《ちょつと》威張りすぎではないかと云《い》う感じがしました。私は、帰ってから、県の移民奨励は報告致しましたが、村を挙げての分村移民はすすめませんでした。
>
> ――『私の回想と生きてきた道』より

弥栄村本部前での視察団記念写真。寒い雨降りのためゴム長靴を購入、防寒具を移民団から借りた。昭和13年5月20日（視察記念帳より）＝満蒙開拓平和記念館提供

吉林の日清ホテル前の視察団一行。後列右から4人目が忠綱。2列目中央は松島自由移民団長。昭和13年5月30日（視察記念帳より）＝満蒙開拓平和記念館提供

ハルビン市内見学前の視察団一行、北満ホテル前。昭和13年5月28日（視察記念帳より）＝満蒙開拓平和記念館提供

この証言で忠綱は、二つの問題点を指摘している。一つは「耕地が、中国人を追い出したもの」であること。二つ目は「日本人が中国人を見下している」ことである。

この二つについて、もう少し具体的に語ったのが、1987年証言にある次の部分である。

満洲を一巡して帰ったのだが、私がちょっと疑問を感じたのが、第二次千振郷なんちゅうのは経営がほとんど資本主義、営利主義的な経営で、耕地は全部立派な既耕地、これ当初、強制収用した土地だと思いました。第一次の弥栄というところは、やや開拓した痕跡もあったが、もうひとつの松島自由移民団というのが、この下伊那から松島という人が中心になってあったが、そこに行ってみたところ、水田がもう全部朝鮮人が水田をつくって、全部広い水田地帯だったのですが、これも結局、全部買収でしたね。もう見渡す限り。そして、これはどうも開拓ではなくて強制収用ということで、私は疑問をもって帰りました。

それからハルビンの市街で車に乗ってわれわれいくつも分かれて、私も車に乗っていったところ、幾人ばか乗っていた10人か15人かの車に乗って、運転手は日本人でした。そうすると向こうから車が来まして、止まれの号令をかけて止めまして、運転手が呼び出して盛んに怒って。朝鮮人だか中国人だかの運転手だったか、あっちに対して態度が悪いということで。これは日本人が恐ろしく横暴ということにも疑問をもって帰りました。

忠綱は、耕地が移民者によって開拓されたものでなく、現地の人から強制的に収用した土地であったことに疑問を持った。事実、満洲移民者のために用意された土地は、自由な取引によって確保されたものではなく、現地で独裁的権限をふるった関東軍や満洲拓殖公社（満拓）が、中国人農民や朝鮮人農民の所有地を一方的、かつ低額で手に入れたものだった。

日本人移民はほとんどの場合、満拓が区画整理を終えた土地に入植した。歴史家・岡部牧夫は「1939年末ごろまでに確保された移民団用地は約1068万ヘクタールに及び、そのうち既耕地は約204万ヘクタールに達していた」（喜多一雄『満洲開拓論』）とし、1938年当時の日本内地における耕地面積約603万ヘクタールの3分の1に当たる広大な既耕地が収奪（強制収用）された、としている。

忠綱は、自ら開拓した土地ではなく、既存の土地を強制収用して営農する――という方法を行使することに釈然としないものを感じた。さらに広大な強制収用地を耕作するために、中国人や朝鮮人を農業労働者や小作人として働かせる「資本主義、営利主義的な経営」をしていることも、本来の移民の理念（自作農創設、自家労働力による自給自足）とは違っているものと感じた。国策として、下伊那でも推進しようとしている満洲移民政策に「違和感」と「不安」を持ったことが読み取れる。

もう一つ、忠綱が指摘したハルビンでの「日本人の横暴」は、5月28日の市内見物中の出来事だった。「五族協和」と言いながら、実態は日本人が他民族を差別している現実を垣間見た瞬間だった。概要は忠綱証言の通りである。

自分が見たもの信じる

満洲開拓は、本来の開拓ではない――。
満洲開拓に不安をおぼえた忠綱は、大連の宿で、村の青年会や自由大学時代から旧知の羽生三七、須山賢逸と語り合った。６月１日のことだ。次の忠綱の証言は、１９７９年に語ったものである。

　大連で羽生先生と同室をして、それから須山さんも同室だったと思いますが、一夕話をした時、羽生先生の言うに「農業移民・農業移民と言うけれども、日本は今後、農業国も相当なものになるし、その農業移民と言うには相当疑問符があるぞ」とお話になって、私も満洲を視察してきて日本人が非常に威張っていることと、それから県の名で新しい所を開墾して入植する第五次とか六次とか、こういうものはそういうことがなかったかも知れないが、自由農業移民とかの農民になると満人《ママ》の土地を略奪してどんどんやっていくというようなやり方をしているのを見たり、日本人が侮辱しているのを見たり、いろいろなところを見て、これははたしてよいものかどうか私も非常に疑問を持ちました。

――『自由大学研究／別冊１』より

羽生は満洲移民に「疑問符がある」と語っている。須山がどのような意見だったかは、この証言では分からない。しかし、1986年に忠綱自身から聞き取りをした米山光儀は「佐々木によれば（須山は）満洲移民に否定的であった」と、自分の論文に記している。そうだとすれば、3人の話し合いは、満洲移民への「疑問」あるいは「不安」というようなものが、程度の差はあったかもしれないが、共有されたのではないかと推測される。

ところが帰国後、羽生は『中部公論』に「満洲農業移民感想」と題する一文を載せ、その結びに次のように書いた。

僕は現地に於いて発見される多少の欠陥は、これをそれぞれの機関に要望乃至《ないし》は建議して是正し、国策の線に沿って進むべきであることを明瞭に表明したい。

（傍線は著者）

また、須山も『中部公論』に「満洲雑感」を寄せ、最後を次のように結んだ。

「満洲農業移民は必ず成功する」とは全視察員の等しく持ち帰った感じのみならず、

最初の移民地の実情が最も雄弁にそれを物語っている。国策の線に沿って日満不可分の理想を実現するためには勿論《もちろん》だが行き詰った農家自身の生活の一歩躍進のために、青年子女の奮起を促し、下伊那村の建設に歴史的の偉業を達成することが出来ることになったのは痛快である。（傍線は著者）

２人に共通する「国策の線」。これが時代の空気だった。満洲移民の「危うさ」を感じつつも「進むべき」といい、「痛快」と書いて「国策」に賛意を表明した。自動車に例えれば、アクセルペダルを踏み込んだことになる。実際、羽生は帰国後、分郷移民を進めるために県の了解の下、拓務省、農林省、更生協会等に要請したことを、この文の中で述べている。

しかし、忠綱は違った。羽生、須山の２人が「国策」という大きな流れになびく姿勢を見せたのに対して、彼は最後まで「自分の目で見たもの」を信じた。満洲の移民地で見た「疑問」を封印してまで移民を推奨したり、また、村の取り組みとして推進したりすることはできなかった。

視察から帰った忠綱は、視察者の義務として村会や村内報告会で概況を報告はした。また、移民を希望する者を無理に止めたりはしなかったので、渡航手続きへの対応など、村長として行政面の義務は果たした。しかし、率先して村を分村・分郷移民へと導くことはなかった。

この段階で、忠綱は「国策」移民の本質が見えていたのかもしれない。彼は、アクセルペダルから右足を離した。そして、ブレーキペダルへと移していく。

幸い、2度目の村長任期中（1943年1〜12月の実質約10ヵ月間）に遭遇したような非難は、この時は起こらなかった。というのも、日中間の全面戦争への突入により、軍隊入りや軍需産業の活況で雇用機会が拡大し、また、戦争景気により経済そのものが好転したのである。〝移民熱〟は一時静まった。皮肉なことだった。

1940（昭和15）年7月、忠綱は、懸案だった和知野川発電所の設置について、矢作水力株式会社（現在の中部電力の前身の一つ）との交渉が決着したことを理由に、3年余り務めた村長職を辞した。

第5章

分村移民を拒む
——2回目村政での決心

再び村長に選出

1943（昭和18）年1月、佐々木忠綱は再び大下条村長に推された。前回村長を退任した後も忠綱は、村会議員として村政にたずさわっていた。前年4月の村議選で再選され、村議2期目となっていた。

当時、村政は混乱していた。村の収入役だった久保田文晴は「村政をめぐっての勢力争いがあり、運営が難しい時代だった」と振り返っている。忠綱の前任村長であった勝野寿は小学校長を務めた後、村議、助役を経て村長になった人物で、温厚な人柄だったが、村長として事態を収拾させるには力不足だった。勝野村長は「家事の都合」を理由に前年12月に退任した後、後任が決まらず村長不在が続いた。村では、混乱した事態を収拾して村政を正常化できる人物が求められた。

村長は、村会議員の中から選ぶのが原則だった。村会の協議会は検討を重ねた末、村長としての実績があり、村民にも信任が厚い忠綱に白羽の矢を立て、村長候補として推薦することを決めた。直ちに正式に村会を開き、村会は彼を当選者とした。1月22日のことだ。当日の会議記録には「議長　全員異議なきをもって佐々木忠綱氏村長に当選の旨を宣す確定」とある（会議記録／昭和18年1月）。

さらに同年1月25日付で長野県知事・郡山義夫に「村会議決事項報告」として「顛末書」を添えて、22日の村長選挙の結果を報告した。顛末書には、当日の村会の様子がもう少し詳しく書かれている。

この日の村会の出席議員は12人。「第十二番議員の動議により投票による選挙を省略、氏名推薦の方法に依ることに満場一致　決定」としている。当時の村会議員は12人だったから、この日の村議会には全員が出席していた。もちろん忠綱も出席していた。ここで言う「第十二番議員」とは、三浦幸八である。三浦議員は、村会とメンバーが同一である村会協議会で、全員が佐々木忠綱を推すことで一致していることから、村会では投票による選挙を省略することを発議し、それに全員が賛成して、動議が可決された。

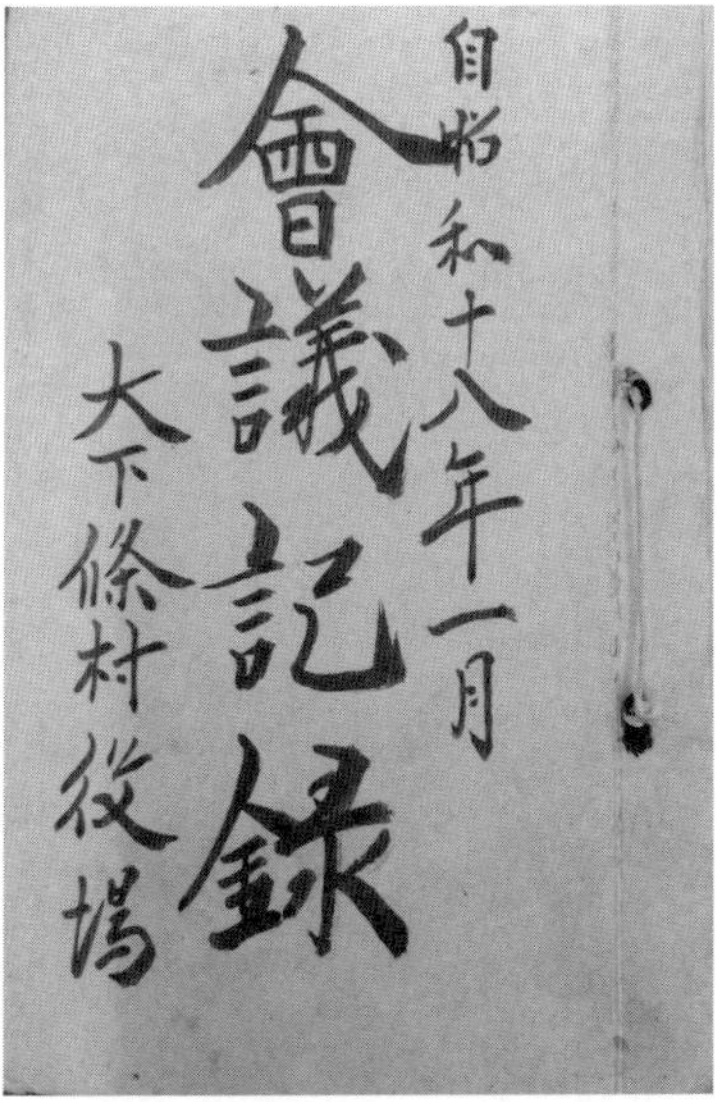

佐々木忠綱が2回目の「村長当選」を決めたことを記録した、大下条村会の昭和18年1月の会議記録

顛末書は、こう続けている。「第十二番議員、佐々木忠綱を村長に指名推薦、全会一致を以て決定す。議長より佐々木忠綱村長に当選の旨を宣し確定せり。以上」(村会決議留／昭和18年度)

こうした経過で、忠綱は再び村長に選ばれた。村会全員の一致だったことを見ても、彼に対する信頼、期待が高かったことが分かる。忠綱は、この選挙結果を受け止めながらも、村長受諾についてはためらいもあったようである。会議記録には、前出の議長の「確定」に続いて「急速に受諾を煩《わずら》わす様交渉すること」の一文が記されている。

いったんは辞退——翻意

1月25日の村会協議会の冒頭、助役が「昨日家事の都合により辞退の旨書面をもって届出に接したり」と、忠綱から村長の辞退届が提出されたことを報告した。届けでは「家事の都合」としたが、どんな事情が忠綱にあったのだろうか。

当時、佐々木家では長男・忠幸が出征中だった。忠幸は上伊那農学校を卒業後、家業の養蚕業に従事して父・忠綱を支えた。その忠幸が昭和17年に応召。中国戦線に投入されて

「北支」（中国北部）を転戦中だった。この時代、経営規模の大きな農家では作男（男衆）・作女（おなご）を労働力として雇い入れていた（阿南町誌）。佐々木家も数名の作男・作女を雇用して、養蚕業の助けとしていた。忠綱が村長に就けば毎日役場に出勤し、終日公務に従事しなければならない。時には役場に泊まり込んだり、出張などで家を空けることもある。忠幸がいれば自分に代わって取り仕切ってくれるだろうが、無理な状況だった。長男の不在が一番の辞退理由だった。

さらに次男・顕《けん》と長女・節《せつ》は、それぞれ飯田の中学校と女学校に在学中で、寄宿舎暮らしだった。家には、１歳になったばかりの末娘キヨ、小学生の次女・澄《すみ》、三女・久仁江《くにえ》、三男・壽英《じゅえい》がいた。子育てに手が掛かる時期であった。この時は妻てるも、村長就任には反対した。家のことを考えると、やはり現実的に難しかったのだ。加えて大下条村政は混乱期であり、さらに村政自体が戦争一色で、理想を追い求める余地など全くない時代だった。

助役から忠綱の「辞退」報告を受け、25日の村会協議会は、村議を交渉委員に選び、忠綱の家へ派遣した。忠綱に村長を引き受けてもらうしか、議会に残された道はなかった。交渉委員と忠綱の間で、どのような話し合いが行われたかは記録もなく、分からない。しかし、話し合いの結果、忠綱はいったん提出した辞退届を取り下げ、村長就任を再度検討することを約束した。協議会は、忠綱の回答を待つことを確認して、この日は閉会となった。なお、忠綱はこの協議会を欠席した（会議記録／昭和18年1月）。

そして3日後の1月28日、忠綱は村長を正式に受諾した。いったんは断った村長職について、忠綱がその時にどう再検討し、引き受けるに至ったかについても分からない。ただ、晩年になって「若気の至りで自分で受諾して2月から出勤」し、そして「受けた以上男として辞めるわけにもいきませんので、家の反対を押切って出たのだから、しっかりやらなくてはならないと決心して努めました」と、『私の回想と生きてきた道』の中で振り返っている。

また、1987年の証言では「昭和18年にまた『ある方面』から『出よ』ということで出ました」と語ってもいる（傍線は著者）。

結果として「家事の都合」より、村会の意向や「ある方面」の要請を重視したことになった。個より全体を優先する時代だった。村長就任は家族に対し、とりわけ妻てるには大きな負担を強いることになった。

こうして、村政正常化への期待を背負った第2期佐々木村政がスタートした。大下条村長としては第38代。時代は、第1期村政より格段に厳しさを増していた。満洲事変、日中の全面戦争、アジア太平洋戦争……。戦争は長期化し、破滅へと歩を進めていた時代だった。佐々木忠綱が、この戦争の時代とどのように向き合ったのか、次に見てみたい。

なお、前述の証言にある「ある方面」とは何だろうか。個人なのか、団体なのか。持って回った言い方で、気にかかる言葉だ。

実は、この言葉は佐々木村政を考える上で重要な意味を持つ。「ある方面」については、村政全体を見た上で、あらためて考えてみたい。

戦局悪化と村政の二大課題

佐々木忠綱が村長となった１９４３（昭和18）年は、戦局が一段と厳しさを増している時期だった。

前年の昭和17年6月、ミッドウェー海戦の敗北によって日本は制海権と制空権を失い、戦局は大きく転換した。以後、アメリカの対日反攻作戦が本格化し、日本は下り坂を転げ落ちるように防衛ラインを後退させた。昭和18年1月2日、ニューギニアのブナで日本軍が全滅した。2月1日にはソロモン諸島ガダルカナル島の日本軍撤退が始まり、5月29日のアリューシャン列島アッツ島の守備隊全滅へと続く。ガダルカナルでは、戦死者・餓死者が2万5000人を超え、アッツでは2500人が戦死した。9月には、日独伊三国同盟のイタリアが連合国に無条件降伏をした。

国民生活も、崩壊に向かって突き進んでいた。日常生活物資の配給制や切符制が一段と進められ、主食の配給統制も厳しくなった。農村では1940（昭和15）年から政府によるコメの供出制が始まっていた。この制度は、生産量から自家用保有米を差し引いた供出量を、政府が強制的に買い上げる制度だったが、次第に保有米まで供出させるようになっていった。大下条村会でも「米供出の件」が再三議題となっている。

1943年は、雑穀、馬鈴薯《ばれいしょ》、小麦、満洲産大豆などが、主食代替品としてコメと差し引きで配給されるようになった時期で、食糧不足は深刻な段階に入っていた。政府は6月4日、食糧増産応急対策要綱を閣議決定し、休閑地に報国農場をつくり、学生・生徒を動員して雑穀増産を図った。

『下伊那二〇世紀年表』には、「大豆・そば・かぼちゃ・各種芋類等の作付を割当てられる。そのために河川敷地・空地・荒地・学校校庭・道路の端まで作付を指導する。また果樹園や桑園もこれに準じる」との記述がある。しかし、この応急対策で食糧不足を好転させることは、全くもって不可能だった。

「英霊（戦没者）」帰還の様子。昭和13年 2月15日＝阿南町提供

開戦時から始まった鉄製品、銅製品の特別供出（いわゆる金属供出）は、昭和17年に入ると「強制回収」となり、隣組・常会の仕事となった。昭和18年春には一般家庭からの強制回収が行われ、鍋、釜など、各家庭で日常の暮らしに不可欠な道具類までも回収された。『下伊那二〇世紀年表』には「金属回収が徹底的に行われ、桜山不動尊（現・松川町）の銅製三六童子をはじめ、各寺院及び一般家庭の仏具にいたるまで供出される」（かっこ内は著者補足）との記載がある。

戦局が激烈さを増すのに伴って、戦没者も激増の一途をたどった。

村からは「兵籍があるもので召集令状を受けない者はない」(阿南町誌)といわれるほど多くの村民が出征し、多数が犠牲となった。戦没者の遺骨が村に帰ってくると無言の凱《がい》旋《せん》をし、「英霊」のために厳かな慰霊祭(村葬)が執り行われた。

この時期、忠綱の下で収入役だった久保田文晴は「兵隊の送り迎えが村政の中心で、他のことはできない時代だった」と振り返っている。確かに、久保田の言うように、出征兵士の送り出しや留守家族の援護など、戦時下における村民の命と暮らしにかかわることが村政の重要な仕事となっていた。

同時に、この1943(昭和18)年は、大下条村として判断を求められる二つの重要課題に直面していた。農業会問題と満洲移民問題だった。

1943年3月11日、農業団体法が公布。同年9月から施行となった。

同法は、各種農業団体を中央から地方まで一元的に統合して、食糧の増産を中心とした総力戦を遂行する体制づくりを目的としたものだった。全国の市町村で農業団体の再組織化が進められた。

大下条村でも同法に従い、産業組合（信用・販売などの事業を行う協同組合）と農会（農業技術普及のための組織）を統合して新組織の「農業会」を発足させることになり、新たな農業会の新会長は、村長が兼任する方向で調整が進められた。このことについて、忠綱は1987年の証言で「（昭和）18年の終わりに村長と産業組合と農会を全部一丸にして、ひとりが全部やらなければ統制がとれないということで、東条（英機首相）があらゆるものを兼務したような流れがありました」と語っている。

結果、大下条村では1944（昭和19）年1月に農業会が発足。新会長に産業組合長だった金田理玖《りきゅう》が選出された。この場合、農業会長と村長を一本化するためには、村長が辞任して職を新農業会長に譲る必要があった。そこで忠綱は、前年の12月5日に村長職を辞していたのだ。第2期佐々木村政は10ヵ月余という短期だったが、それはこうした事情があったからである。

農業会長の金田が新村長に就いた。当時、金田は村会議員ではなかった。先述したように、戦前の村長職は村会議員から選ぶことが一般的だったが、適任者がいない時は村内の有力者に依頼することもままあった。その場合、村長職が通例として無給の〝名誉職〟だったこともあって、生活に余裕のある高額納税者など、地域の名望家に依頼することが多かった。金田は、大下条村で三指に入る高額納税者だった。加えて村長を3回、村会議員を7回務めた村の長老格で、「元老」と呼ばれていた人物である。なお、金田の村長職3期目は、忠綱の後任となる。つまり佐々木（1期目）─金田（3期目）─勝野─佐々木（2期目）─金田（4期目）の順である。

もう一つ、村長が直面した重要課題が「国策」の満洲移民、満洲「分村」にどのように対応するか──という問題だった。

吹き荒れる分村移民の嵐

アジア太平洋戦争の開戦直後、1941（昭和16）年12月31日、「満洲開拓第二期五箇年計画要綱」が閣議決定された。昭和16年度で満洲開拓第一期五か年計画（昭和12〜16年度）が終わり、引き続き第二期五か年計画（昭和17〜21年度）の実施へと進むことになった。

要綱では、「方針」として「東亜共栄圏内における大和民族の配分布置の基本国策に照応」して、「現下の戦時体制に即応し日満両国一体的の重要国策たる使命をさらに昂揚《こうよう》し、日本内地人開拓民を中核とする民族協和の確立達成、東亜防衛における北方拠点の強化、満洲農業の改良発達および増産促進」を掲げた。満洲開拓が重要国策であることを踏まえ、その国防的使命と食糧増産・供出が強調されたのだ。

「方針」に続く「要領」の最初には、2期5年間の目標として「22万戸の開拓民と13万人の青少年義勇軍を送出する」ことを掲げた。

長野県は、この第二期五箇年計画要綱を市町村長宛てに通達すると共に、県の満洲開拓第二期五か年計画を策定した。計画では、送出目標を戸数1万3500戸（農家1万戸、大陸帰農3500戸。大陸帰農とは、満洲に移民し、農業以外の職種から家業に転業すること）、青少年義勇軍6000人をとした。その目標達成のため、全県で92の開拓団を編成することにした。

こうして第二期五か年計画が1942（昭和17）年に始まった。しかし、肝心の開拓民の送出は、アジア太平洋戦争の長期化により、軍事動員や労務需要が拡大して人手不足が深刻となり、ますます困難になった。しかし、送出計画は変更されなかった。

なぜなら国策上の重要度、つまり「軍事的使命」は強まっていたからだ。この相反する問題を解決するために、拓務省（昭和17年11月に大東亜省と改称）は「開拓特別郡指示」を出し、「満洲開拓特別指導郡」制度をスタートさせた。これは開拓民送出の条件（実績）が整う郡を「特別指導郡」に指定し、集中的に資金や人材を投入、成果（送出数）を得ようとするものだった。要するに、特定の郡を〝狙い撃ち〟して送出を推進し、ノルマを達成しようという策だった。

昭和17年度は、9県12郡（2市38町280村）が指定された。9県は青森、山形、埼玉、新潟、長野、奈良、広島、高知、熊本。さらに、特別指導郡として長野県は下伊那郡が指定された。郡内からの送出目標は2000戸。同年8月のことである。

特別指導郡の指定は、翌年度も行われた。昭和18年度の指定は11県11郡（30町180村）。指定された県は新潟、石川、長野、山梨、岐阜、京都、滋賀、兵庫、香川、高知、鹿児島。2年連続の指定は、長野、新潟、高知の3県。同年度の長野県の特別指導郡は西筑摩郡（現・木曽郡）だった。

開拓特別指導郡に指定された郡は、大東亜省から事業費などを助成されたが、5年間に郡内各町村の開拓団編成計画を具体化し、遂行することが課せられた。

さて、昭和17年度に特別指導郡に指定された下伊那郡。「積極的に開拓運動を展開し、全国にその範例を示すべき重要な立場」に置かれたとして、「第一四次までには、郡内各村共それぞれ単村または連合にて分村に着手するを目途《めど》」とする目標を掲げ、その送出を進める基準を「満洲開拓第二期五か年計画下伊那送出基準案」として示した。基準案は、1戸当たり耕地平均1町歩（約1ヘクタール）とする場合の過剰農家戸数を基に、計画送出戸数をはじき出した。

この基準案によると大下条村は、総戸数726戸、そのうち過剰農家戸数177戸、商工戸数177戸、農家1戸当たり耕地面積6・7反（約0・66ヘクタール）、計画送出戸数100戸だった。

下伊那郡では、郡内の各村が基準案に基づいて編成区域、編成主体などを検討し、基本計画とした。それが「下伊那郡開拓団編成基本計画」だった。編成区域、編成形態、編成主体、計画戸数、計画着手年度、計画完了年度が示されている。

この基本計画で大下条村は、隣村の富草、下條、豊《ゆたか》、旦開《あさげ》、神原《かみはら》の5村と一緒に、分郷移民を送出すること――とされた。送出にあたっては、6村で「組合」を結成し、その組合が中心になって300戸を送り出す――とされた。計画着手年度は昭和17年度、完成年度は21年度。この計画が示された昭和17年は忠綱第2期の前、勝野村長の時代だった。忠綱が村長となる以前から、分郷移民に向けて大下条村は動き出していたのだ。

急速に進む移民送出準備

昭和17年から18年（1942〜1943年）にかけて、下伊那郡内の村々は満洲への移民送出への準備を急ピッチで進めた。この期間の特徴を『長野県満州開拓史／総論』で見てみよう。

第一は、移民送出の実行機関の問題である。

長野県の海外移民を進めた信濃海外協会（1922＝大正11年創立）は、昭和17年11月に改組し、県知事を会長、各郡町村長会長・市長を支部長、兵事厚生課長を常任理事とし、事務局を地方事務所に置いた。この改組により「信濃海外協会郡市支部を推進母体とし、各市町村長が中心となって開拓団の編成送出を強力」に推進していくことになる。

この時、同協会下伊那支部の役員は、会長が郡町村長会長の代田市郎、常任理事が地方事務所兵事厚生課長の座光寺久男、理事には郡農会長、郡翼賛壮年団長、郡教育会部会長など下伊那郡内の組織が網羅されていた。顧問には信州郷軍同志会の理論的指導者で、県会議員を経て衆議院議員を務め、新体制運動を推進した国粋主義者の中原謹司らが就いた。なお下伊那郡の全村長がこの協議会のメンバーとなった。

第二は、「満洲開拓特別指導郡町村計画実施要領」である。この要領は、昭和18年3月に2泊3日の日程で開催された「皇国農村確立分村推進宿泊講習協議会」に出されたものである。要領は、第二期五か年計画期間中に分村を完遂するために各村が実施する手順・内容をまとめた「計画の組立実行を図る」ためのマニュアルだった。主な項目と説明を抜粋する。

一　分村委員の設置

村長を会長とし、農会、翼賛壮年団、軍人分会等の幹部、その他適当なる人々を委員とする分村委員会を設置し、分村計画樹立実行に関する中心機関とすること。

二　計画案の樹立

分村計画は別に示した基準案を参照し、分村委員会において研究のうえ開拓民の送出計画ならびに送出に伴う財産（土地建物等）の処分、負債の整理、残留家族の指導援護および母村の整備等に関する計画を確立すること。

三　連合村協議会

連合分村を行う村にありては関係村の村長、分村委員等会合して連合分村実施に関する協議をなすこと。

四　推進力の養成

翼賛壮年団、軍人分会、増産推進隊、婦人会、青少年団、その他各層より指導力、実践力を有する人材を選抜して講習を行い以て分村運動の推進力とすること。

五　全村教育の徹底

全村男女各層を通じて興亜教育、分村計画の徹底、満洲開拓に関する認識強化等を図るため左記事項を実行すること。

（個別項目1〜8略）

七　計画の決定

諸般の準備成りたるうえは、左記により分村計画を正式に決定すること。

1．分村計画を常会に附議決定すること。

2．送出計画、事業予算について村会の決議をなすこと。
3．開拓団編成計画の認可申請ならびに助成金交付申請を地方事務所経由提出すること。

八　開拓団の編成
1．団長ならびに各種指導員の詮衡（中略）
2．先遣隊の送出（中略）
3．本隊の送出（中略）
（以下の項目略）　※文中傍線は著者

講習協議会には、下伊那郡内の各村々から役場、学校、農会、翼賛壮年団などの関係者約600人が参加し、第二期五か年計画中に全部分村を完遂することを満場一致で決議している。この講習会は「郡の開拓運動に至大の好影響をおよぼし、皇国農村確立、全郡分村完遂必成の気運を醸成する」に大いに役立ったという。こうした講習を受けた「リーダー」たちが各村で開かれる講習会や常会等に出席し、満洲開拓についての認識を徹底し、分村機運の醸成に尽力していった。

『長野県満州開拓史／総論』から、長野県における分村移民推進の特徴を2点紹介したが、国から特別指導郡の指定を受けた下伊那郡は、そのほか、さまざまなカンパニア（キャンペーン）を展開し、この時期「再び満洲開拓への熱意が『再燃』した」とされる。その結果、昭和18年5月になると下伊那郡内で単独分村を目指す村10ヵ村と、分郷による連合分村を目指す6組合（団）の見通しが立つようになった。１３３ページの表「下伊那郡の第13次以降の編成計画案」の内容である。

その中の一つが大下条村だった。当初、豊村など6村で分郷をつくる計画だったが、この時期には下條、富草との3村による連合分村「阿南郷」建設計画へと切り替わりつつあった。計画の送出数は２００戸、計画着手は昭和19年度だった。

この「阿南郷」建設に向けて村が動き出した時、村長の立場にいたのが、佐々木忠綱だった。

「国策」分村を拒む決心

佐々木忠綱は、第1期村長時代に出向いた下伊那郡町村長会の満洲農業移民地視察（1

下伊那郡の第13次以降の編成計画案（昭和18年5月）

村名	計画戸数(戸)	編成形式	着手予定年度(昭和)	達成度
上郷	100	単式	18年度	確定
鼎	100	〃	〃	確定
市田	100	〃	〃	確定
喬木	300	〃	〃	委員会で決定
松尾	200	〃	〃	委員会で決定
龍江	200	〃	〃	委員会で決定
下久堅	200	〃	〃	委員会で決定
和田組合	200	〃	19年度	村当局、壮年団、その他一般の希望
大鹿	200	〃	〃	村当局、壮年団、その他一般の希望
伊賀良	200	〃	〃	委員会で決定
大島・山吹・座光寺	200	分郷	18年度	三か村委員会で決定
会地・山本・伍和	200	〃	19年度	三か村委員会で決定
下條・富草・大下条	200	〃	〃	三か村委員会で決定
神稲・河野・生田	300	〃	〃	未定
竜丘・三穂	200	〃	〃	未定
豊・旦開・神原・平岡	300	〃	〃	未定

『長野県満洲開拓史 総論』より作成

938＝昭和13年）で抱いた満洲移民への「疑問」を、その後も抱き続けていた。

入植地が現地人を追い出して取り上げた既耕地であったこと、他の民族を見下して差別していること――。この二つの「疑問」から得た忠綱の結論は、「満洲開拓は本来の開拓ではない」というものだった。たとえ国策であっても、略奪地や差別の上につくられた満洲開拓、満洲移民の「危うさ」、そして、その「行く末」に待っているものを考えた時、「不安」は募る一方だった。

天竜川を挟んだ対岸の泰阜村が、第8次大八浪《たあぱあらん》泰阜村開拓団として海を渡ったのは1939（昭和14）年のことだった。大下条村からも6人の村民が「個人の意思」で隣村の募集に応じ、家族を連れて渡満した。青少年義勇軍に応募した17歳の少年が村を旅立ったのも泰阜村が分村する頃だった。最初の村長時代の出来事だ。その時は、止めることはできなかった。

1943（昭和18）年1月、再び村長となった忠綱には前回にも増して、満洲分村移民を推進する立場として圧力が強まっていた。国策移民を進める上で、村長の姿勢は決定的に重要だった。経済史研究者の小林信介は「満洲移民の推進にとって〝中心人物〟のありようが重要な要因となっていた」と指摘する。中心人物とは「従来から村政の中心を担っていた層」のことで、村長が第一に該当する。国策を進めるため、村長へのさまざまな圧力が掛かっていたのだ。

前述のように、忠綱が2度目の村長を引き受けた時、下伊那郡は特別指導郡に指定され、移民送出に突き進んでいた。大下条村も前・勝野村長時代に隣村との分郷移民を既定路線として検討に着手していた。村内の分村への機運は、高まっていたのである。

従って、彼の任務は、村の責任者として迷いなく満洲移民を進めることだった。村民を説得し、村を挙げて分村移民を推進する立場だった。国策に忠実に従えばよかった。

しかし、それは忠綱の思い、考えとは違っていた。国策であっても、満洲で見た開拓の現実は「王道楽土」でもなければ「五族協和」でもなかった。そんな満洲に、村長として分村を進め、村民を送り出すことはできなかった。郡の基準案が示す１００戸の移民となれば、仮に一家族５人とすると５００人規模の移民となる。万が一の場合、あまりにもリスクが大きすぎた。忠綱は、立場に窮した。

忠綱の苦悩を察し、彼の背中を押したのは、妻てるだった。

てるは「あまり分村が気がすすまないならやめたほうがいい」と言ったという。長男・

忠幸の証言である。
三女・久仁江の証言もある。「父は一度だけ、母に満蒙開拓について相談しておりました。その時、母は『自分の身内を送れない所へは、他人を送れないじゃないですか』と言っておりました。父は、母の言葉と存在に勇気づけられたんだと思います」

妻の言葉に勇気づけられた忠綱は、心を決めた。

分村拒否――。これが彼の結論だった。

しかし、この時期の地方行政は、戦時即応の国家統制下に置かれていた。1942（昭和17）年10月、長野県町村長会が決議した「町村必勝態勢確立実行方策要綱」は次のように言う。

元来市町村自治体は国家活動の単位団体であって、いわばあらゆる国家処理の拠点であり、国家的に結集さるる国民組織の根幹である。したがってその機構を整備強化し国策処理の完璧を期することは、高度国防国家の建設上むしろ先決的根本要件であらねばならぬ。（中略）町村の体制を整備刷新し、真に挙町村一体の総力体制を確立

して、国家目的の達成に遺憾なきを期すると共に「益々自治の根底に培ひ以て国家無彊の康福増進」を期すべきである。（以下略）

――『長野県史／近代史料編第2巻』より

総力戦体制に、町村自らが組み込まれていった時期だった。昭和18年3月、改正町村制が公布され、6月に施行。この改正法は、町村長の県知事認可や監督官庁の町村長解職権を認め、議会の発言権を縮小するなど「戦時体制下、国政－県政－市町村政の一元化、すなわち上意下達機関としての市町村政の姿があらわになった」と言われるものだった。同月、県知事・郡山義夫は改正法施行に伴って「地方行政をして国策の滲透《しんとう》徹底と国民生活の確保安定とに付、十全の機能を発揮せしめんとするにあり」とする訓令を市町村役場に発している（長野県史／第2巻）。

要するに、村政の自治的側面は制限され、総力戦下の国策遂行を第一任務とする〝国の下級機関〟的側面が、極度に強化された時期だった。

忠綱の「分村拒否」は、こうした状況下での決断だった。よって、満洲移民を公然と批判したり、分村移民を公然と拒否したりすることは現実的ではなく、できない選択だった。

では、限られた状況、厳しい制限の中で何ができるか。

村長は、村のリーダーとして分村移民の流れを加速し、早期に実現する義務を課せられていた。だとすれば、村長としてできることは、この分村移民の流れを〝減速〟し、実現を先送りにすること……、できるならば中止に持って行くことだった。当時の忠綱を間近で見ていた収入役の久保田文晴は「佐々木村長は真っ向から反対はしなかったが、賛成もしなかった」と語った。いわば「消極的姿勢」（消極的抵抗）をとったのだ。この方法が村と村民を救うために忠綱が選択できる、唯一の道だった。

消極的姿勢で分村機運を減速

後年の1979（昭和54）年、佐々木忠綱は次のように回想している。

村の中で壮年団が、私のところは当時貧村でありましたので、泰阜あたりは分村をどんどんやり、川路も分村をやり、方々分村をやる時期でありましたが、私は絶対に分村をしないということで、これを抑えましたために、壮年団の役員が非常に怒ってきましたが分村はやりませんでした。

――『自由大学研究／別冊１』より

さらに３年後の１９８２（昭和57）年には、次のように語っている。

昭和18年に再び村長に出ました。その時、既に満洲移民分村が上久堅・泰阜・千代・川路などで始まり、各村も分村送り出しが行なわれていました。県は、昭和18年に大下条村を中心として、富草・旦開村を合せて分村の計画をするようにと、強い要請がありました。村内にも、壮年の諸君が分村するようにとの強い要請がありましたが、私は期するところがありまして、分村の計画についてはこれを拒否しました。

――『私の回想と生きてきた道』より

これらの証言で忠綱は、分村計画を「抑え」「拒否した」と語っている。忠綱が「抑え」「拒否した」ことにより、大下条村は最終的に分村しなかった。

では、村長として公然と国策を拒否することが難しかった時代、忠綱はどのように「抑え」「拒否し」たのだろうか。

忠綱の拒否を跡付ける史料はない。当然だ。国策を進めなかったこと、拒否したことを示す史料（記録）を戦時下で残すはずはなく、また、事実として残っていない。しかし、大下条村の村会「会議記録／昭和18年」などの記録から、少しずつ足取りが見えてくる。

1911（明治44）年の町村制改正法によって、村長の村会招集権と開閉権、助役その他吏員の選任・統率権が認められた。また、村会が成立せず、招集する暇がないと認める場合の専決処分が村長の権限とされた（長野県政史／第2巻）。大正期に「地方分権」の流れから、村長に対する村会の権限が強まったが、それでも村長は村政の最高責任者の立場にあった。

忠綱が2期目の村長を務めたのは、前述の通り昭和18年1月28日から同年12月5日までの10ヵ月余である。この短い在任期間中の村会「会議記録」を読むと、特徴的な三つの期間があることが分かる。

第一の期間は、村長就任直後の1月31日の村会から3月18日の村会までの約2ヵ月間。この間、8回の村会（村会協議会）が開催されている。会議記録には、道路改修や米穀配給問題、応召兵の家族援護などさまざまな案件が並ぶが、満洲移民に関する議題は一つも上がっていない。特別指導郡に指定され、下伊那郡の村々が分村移民の計画を進めている時期だった。大下条村も、前村長時代に着手した隣村との分村・分郷移民を具体化しなければいけない時期だったはずである。

しかし、満洲移民を村会で議した形跡は全くない。反対にこの期間の村会で再三議題となるのが中学校建設問題である。村長が率先し、極めてスピード感を持って推進した中学校建設は、満洲問題の扱い方と対比した時、佐々木村政の姿（基軸）を知ることができる取り組みだった。この中学校建設については第六章であらためて掘り下げる。ここでは、この期間、満洲問題を村会で扱わなかったことを確認しておきたい。

第二の期間は、同年4月の1ヵ月間である。村会は3回開催されている。

この第二の期間は、満洲分村問題が集中的に議された点に特色がある。

まず、4月1日の村会は、次の3点を確認している。第一は「富草村を中心とし下條、富草、大下条の3ヶ村で1村を作る」こと。第二は「勤労奉仕隊を毎年責任送出」をして、「順次満洲国の認識」を深めることに努めて「移民意識を昂揚」すること。そして第三は「村の方針」を決める前に「差当り翼賛壮年団幹部と懇談」すること——。

次に開催された4月12日の村会は、村会議員のほか学務委員、翼賛壮年団幹部との合同会議だった。この村会では「満蒙開拓民送出の形態に単独分村によるものと郡の計画に係る下條、富草、大下条3ヶ村連合分村によるものと2方法」があるが、どちらの形態とするか研究協議した結果、次の4点を確認している。

第一は「郡の計画による連合分村の方法」とする。第二は「分村委員を選出」して「三ヶ村の分村計画樹立の促進を計る」。第三は「郡割り当ての百十戸を本村より送出」する。そして第四は「分村委員は十名乃至《ないし》十五名程度選任」し、その内「壮年団より五名選定」することを「(壮年)団へ一任」し、「その他は村会に於いて人選」すること——。

そして4月23日の村会。ここでは佐々木村長が「議員全員を委員とし、壮年団、軍人会より選定したる委員とともに下條、富草両村と連絡、三ヶ村連合分村計画の立案を促進」することを報告、決定となった。

この大下条村の決定も含め、信濃海外協会下伊那支部が集約し、送出案としたのが前出(133ページ)の表「下伊那郡の第13次以降の編成計画案」となる。第二期間の一連の村会は、前出「満洲開拓特別指導郡町村計画実施要領」に基づいて、分村委員の設置と連合村協議会を村として正式に決定したものだった。これは既にレールが敷かれており、この時期、村会として議題としなければならなかった。

それにしても3村の分村確認、奉仕隊の送出、移民意識の醸成や懇談、次に連合分村の確認、分村委員の検討……等々、かなり「丁寧に」「慎重に」進めていることが字間から伝わってくる。仮に村長が分村移民を推進する立場の人物だったら、この内容は一度の村会で決めてしまったかもしれない。そう思えるほどゆっくりした扱いだ。言い換えれば〝時間を稼いでいる〟ように見える。

もう一つ「丁寧かつ慎重」に扱ったことがうかがえる史料がある。それが「昭和18年度下伊那郡大下条村事務報告書」である。事務報告書は、年度中に取り扱った役場事務の概況と、村有財産を村長がまとめたものである。

この報告書の「拓務事務」の項目に「現地の状況を知ることが必要」として、現地視察員3人を昭和18年7月15日から10月12日まで送った、と記されている。視察内容など詳しいことは一切書かれていないが、この段階に至ってもさらに視察員を送り、現地調査を実施したのだ。〝丁寧かつ慎重〟に進めたことがうかがえる部分だ（村会決議留／昭和18年度）。言い換えると、18年度の「拓務事務」は現地視察のみで、ほかは何もしなかったということになる。

会議記録に戻ろう。

第三の期間は、同年5月から12月5日の退任までの約7ヵ月間である。5月以降の村会では、養蚕や道路補修、架橋などの問題がもっぱらで、満洲移民に関する話し合いが行われた形跡がない。分村移民問題を村会で扱わない期間を仮に「空白期間」と呼ぶと、9月までの4ヵ月間が空白期間となる。

満洲問題が現れるのは、9月3日開催の村会。この会議では、佐々木村長から9月2日に富草村で開かれた「三ヶ村ブロック会議」を受けて、満洲現地視察者を選び、4日の下伊那地方事務所での打ち合わせ会に出席させたい旨の提案があった。人選は問題なく決まったようで、それ以上の記載はない。

その後、再び2ヵ月の空白期間を経て、次に満洲問題が取り上げられたのは11月18日の村会。この会議で佐々木村長から「満洲開拓問題に関する経過を報告、今後の方針に付協議煩わしたき旨を述べる」との発言があったことを、会議記録は伝えている。しかし、どんなことが話し合われたのか、あるいは話されなかったのか、村長発言以外の記述はない。その後、また1ヵ月間ほど空白期間となったまま、忠綱は村長退任となる。

つまり第三の期間も満洲移民を議題としたのは7ヵ月間に2回だけ、その内容も視察者派遣と経過報告の2件だけということになる。前出の「実施要領」によれば、分村移民の計画や予算など村で決定する事項は多々あった。

しかし、分村問題は、議題として村会にほとんど上程されなかったのだ。その理由は、ただ一つしかない。忠綱が議題とすることを拒否し続けていたからだ。忠綱退任後の村政と村会の動きを見れば、そのことは一目瞭然だ。

退任後に急加速した分村

前述の通り、農業会長の金田理玖が忠綱の後任村長に正式に就任したのは１９４４（昭和19）年２月３日だった。就任の手続きに手間取った遅れだった。しかし、村長としての実質的な活動は、村長に決まった１月20日から始まった。とりわけ、満洲分村問題への取り組みは、金田村長の着任前後から一気に速度を増す。１月23日の村会協議会では、開拓団幹部による詮衡《せんこう》会（開拓団への応募者の中から、実際に送出する人を選び出す会）への出席を決め、同月31日の協議会では、分村問題の検討と委員の選出をしている。

２月に入ると、７日開催の協議会で「満洲分村問題は昨日の会議（＝三ヵ村協議会）により相当進行した」とした上で、村民対象の満洲移民懇談会を国民学校で開催すること（1戸1人が出席する）や、関連予算などを決めている。

そして2月14日の村会で「町村組合設立の件」として「本村は満洲阿南郷開拓団建設に関する事務を左記町村（下條村・富草村・大下条村）と共同処理するため別紙規約に基き町村組合を設くるものとす」（かっこ内は著者注）とし、別紙「大下条村外二ヶ村阿南郷開拓団建設組合規約」を審議に付し、決定した。規約は、第1章「総則」、第2章「組合の組織及組合会議員の選挙」、第3章「組合吏員の組織及選任」、第4章「組合費用の支弁方法」——などからなる、全14条だった。

わずか数週間。大下条村は、分村そして連合移民に向けて加速した。こうした変化は、村長の姿勢、満洲移民への対応の違いにあった。村長に就いた金田は満洲移民に対して積極的であり、忠綱は消極的だったのだ。

大下条村の阿南郷開拓団組合規約は、2月14日に決まった。では、下條村と富草村の組合規約はいつ決まったのだろうか。

それを示す史料が、会議記録に残されている。昭和19年1月14日の村会協議会である。

この日、助役の小林博夫から「満蒙開拓分村問題」と題する報告が行われた。報告は、分村に向けて3村で結成する組合の進行状況について次のように言った。まず「下條村は12月27日の村会で議決」した。前年末のことだ。続いて「富草村も本日組合村設置の件で村会で議決」した。そこで大下条村としても「本村の方針を決定しなければならない」という内容の報告だった。

前述の通り、この後、村長・金田が急ぎ大下条村の阿南郷開拓団組合規約を決めたのが、富草村から1ヵ月後である。下條村からは約2ヵ月遅れての決定だった。

結果として、第2期忠綱村政の下での大下条村の分村準備の遅れが、阿南地域の分村移民計画の瓦解《がかい》へとつながっていく。戦後、忠綱は次のように村長時代を振りかえっている（1987年証言）。

当時、わが村も分村移民熱も高く、他の方が村長でしたなら、分村移民は実現したと思います。私が村長として決意をもって拒否しました。

確かに、昭和18年に分村移民を進める立場の人物が村長だったら証言の通り大下条村の未来は違っていただろう。やはり忠綱が、村長として一貫して消極的姿勢を取り続けたことが大下条村の未来にとって決定的だった。「消極的」な村長に対しては、反発する村民もいた。翼賛壮年団員が「村長なんだ、分村すべきじゃないか。各村がすべて分村しているのに、なぜ分村しないんだ」と詰め寄ることも再三あったという。

また、信濃海外協会顧問の国会議員・中原謹司（1889〜1951年）から「お前の首を切ることぐらいのことは世話ないぞ」と脅かされこともあった。家族には「俺もずいぶんにらまれているらしい」と語ったという。いずれの証言も長男・忠幸が戦後、父から聞いた話だ。収入役の久保田は「当時、佐々木村長は随分と苦境に立っていた」と振り返った。

三女・久仁江は「どんなに反対されても父はずっと耐えて、強い人だと思いました」と父を回想した。圧力に屈せず、信念を貫くことは人並み外れた精神力を必要とする。忠綱は、信念を持って消極的姿勢――言い換えれば〝静かな戦い〟を続けた。

忠綱は「戦争反対と表に出てやるだけの勇気はなかったが、出征兵を送り出す時も、生きて帰るよう話しました」と語った。長男・忠幸によると、これは出征する役場の職員・

熊谷文達を送る内輪でのあいさつのことで、忠綱はこの時「必ず生きて帰ってこいよ」と言ったという。

いずれにしても阿南郷建設計画は、大幅に遅れていった。

分村計画の中止

1944（昭和19）年、戦局は日ごとに悪化した。

2月6日にマーシャル諸島のクェゼリン島、ルオット島の日本軍守備隊が、そして7月6日にはマリアナ群島のサイパン島の日本軍守備隊が全滅した。これによって日本の「絶対国防圏」は崩壊し、連合国軍による日本本土攻撃が現実味を帯びてくる。9月27日にはグアム・テニアン島の日本軍守備隊が全滅し、10月24日のレイテ沖海戦で日本海軍は主力艦を失う。そして11月24日、マリアナ基地を飛び立ったB29による東京初空襲となり、以後翌年の8月まで米軍による本土空襲が続く。

戦局の悪化の中で、日本政府と軍部は「本土決戦」による「国体護持」に固執し、決戦準備に突き進んだ。8月4日の「国民総武装」決定で竹槍《たけやり》訓練が始まり、防空壕《ごう》の強制建造も進められる。23日には学徒勤労令（中学生以上の全員を工場に動員）、女子挺身《ていしん》勤労令（14～25歳の未婚女性全員を工場に動員）が公布され、学童集団疎開も本格化。東京からの学童疎開第1陣が飯田に到着したのは、8月22日のことだった。

こうして戦争が〝末期症状〟を呈する中、阿南郷建設計画も立ち行かなくなり、結果的に中止となった。その理由を「昭和19年度下伊那郡大下条村事務報告」の「拓務事務」の項では、次のように述べている。

満洲開拓政策は、大和民族の永遠の発展に大東戦必勝体制樹立のため、時局下日満を通ずる食糧確保増産に、総合人口政策に、又厳然たる北辺警護の一環として、その主導権を痛感し、下條、富草、大下条村三ヶ村組合昭和十九年二月五日第十三次開拓団を大下条、富草、下條三ヶ村連合にて分村計画を樹立し、拓士（団員）の選出を以て努力したれども選出不能に陥り右三ヶ村連合の分村計画は遺憾ながら解散するに到れり

——村会決議留／昭和20年度

報告冒頭の「満洲開拓政策」から「痛感し」の部分は、昭和16年度以降の「事務報告」

ではしばしば使われる文言である。報告では「分村計画を樹立」を2月5日としているが、5日に何があったのかは不明だ。翌6日には三ヵ村ブロック会議が開催されている。

報告を見る限り、分村計画が中止（＝解散）となった理由は、開拓団員が思うように集まらなかった（＝選出不能）ことにあった。もし、団員募集が1年早く始まり、かつ村長が率先して熱心に進めていたら、全く違う結果になったはずである。

そう考えると、既に見てきたように忠綱が10ヵ月という短い在任期間でありながら、終始、分村移民を拒否し、消極的姿勢を通し続けたことの意味は大きい。もし積極的に推進していたら、大下条村の分村は現実のものとなり、移民送出へと進んだ可能性が高かった。隣村の泰阜村はじめ分村・分郷した村々が、終戦時に大量の死亡者と行方不明者、そして残留者を出し、またシベリア抑留や戦後の引き揚げ、再入植など、さまざまな苦難を生んだのに対して、大下条村は犠牲を最小限に抑えることができたのだ。

もちろん、大下条村からも満蒙開拓団、青少年義勇軍として幾多の村民が海を渡った。渡満した村民百数十人のうち、45人が死亡し、8人は帰還することができなかった（阿南町誌）。しかし、もし、忠綱が村長として分村を決断していたら、この犠牲者は桁違いのものになっていたはずである。そして、分村した多くの村がそうであるように、大下条村

（現・阿南町）もまた、今日まで長く癒やされない傷痕に苦しむことになったであろう。下條村、そして富草村（現・阿南町）も同じだった。大下条村の取り組みの遅れが、結果的に下條、富草の両村をも〝救った〟ことになる。

佐々木忠綱は、反移民論者であった訳ではない。まして反戦主義者でもない。青年時代から培った「本質を見抜く力」と「先を見る力」、そして人道主義的精神が、個人の段階におけるぎりぎりの抵抗を可能にしたのだ。

しかし、それだけだろうか。戦争末期の狂乱状況の中で、村長という立場で果たして国策に抗しきれるものだろうか。その疑問を解くカギは、佐々木村政そのものにある。

第6章

教育と医療への情熱

忠綱村政への共鳴

佐々木忠綱は村長として、国策に従わず、満洲への分村移民を推進しなかった。県の地方事務所など、上からの行政レベルの圧力はもとより、郡町村長会や翼賛壮年団（翼壮）など各種団体からの圧力に対しても、ギリギリの抵抗を続けた。この抵抗力の源泉が、彼の信念にあったことは間違いない。

しかし、村長の立場にあった彼がこうした抵抗を続けることができたのは、やはり、その背景に村民の支持があったからではないだろうか。

当時、村長は村会議員によって選ばれ、公選ではなかった。従って、村民の支持を数量的に見ることはできない。しかし、村民の信頼があったのか、なかったのか、当時の出来事や証言から、ある程度は推測できると考える。

その一つに、興味深い証言がある。ジャーナリスト・田中洋一が２００９（平成21）年に熊谷竜男から聞き取ったものだ。熊谷は、忠綱村長の下で書記を務め、戦後は大下条村の収入役や助役を務めた人物である。証言当時は93歳だった。熊谷の証言は、翼賛壮年団が忠綱村長に分村実行を詰め寄った時の記憶である。

（翼賛の役員数人が）分村移民の重要性を説き、村からも送り出すよう迫ったという。だが佐々木は譲らず、「お前たちの言うことをそのまま聞くわけにはいかない」と突っぱねた。熊谷の目に、翼壮たちの態度はけんか腰というほど強硬には映らなかった。「翼壮の連中の中には村長の信奉者もいたし、分村以外では争いはなかったのだから」

——朝日新聞2009年5月8日付より

後半部分が、注目すべきところだ。国策に従わない村長と翼壮の関係は、対立関係と考えるのが一般的だ。ところが証言は、分村問題では対立したが、それ以外では争いはなく、しかも「村長の信奉者」がいたというのだ。信奉者とは、「信じてあがめ従う」（岩波国語辞典）者のこと。どの程度かは定かではないが、翼壮の中に信奉者か、少なくとも共鳴者はいたのだろう。翼壮がそうだとすれば、村民全体では佐々木村政を支持する人々は、かなりいたのではないだろうか。

確かに、最初に村長に選ばれた時、忠綱は村政史上最年少の村長だった。信頼が厚かったからに他ならない。2度目に村長となった時も、村政の混乱を収拾できる唯一の人物として請われてのことだった。

では、どんな点が信頼を得たのだろうか。忠綱の村政は、戦時下という限られた状況の中で進められた。現在の地方自治の視点から見ると不十分かと思うが、その基軸は現代にも通じるものだった。それが教育と医療だった。忠綱は、日頃から「教育と医療はこの世の中で最も基本的で重要なこと」と語っていた。両方とも自己の体験がベースとなっていることは、既に見てきた。

教育と医療は、村民の暮らしに直結する問題だ。具体的にどのような取り組みをしたか、次に見ていく。

悲願「中学校をつくりたい」

「佐々木さんは、とにかく教育熱心だった。高等女学校建設のために視察に行った。若いころに言われたあだ名は『教育村長』だった。佐々木さんの下で、村政はまとまっていた」。佐々木村政で収入役を務めた久保田文晴は、こう振り返った。

久保田が言う「教育村長」忠綱が、最も熱心に取り組んだのは中等学校（現在の高等学校）建設だった。第2期村政の時だ。第5章で述べたように、1943（昭和18）年2～

３月がその時期に当たる。

久保田証言では高等女学校の建設となっているが、最初の話は中等学校建設からであった。この建設運動の発端を、忠綱は次のように回想している。

二度目の村長となった二月、新聞紙上で知ったのは、北佐久郡の今の望月町で組合立の望月中学校が設立され、一年前の昭和一七年四月から開校していると云《い》うことでした。この報道を見て実に驚きました。当時、県下には組合立農学校・組合立実科女学校は各郡に数多くありました。しかし、正規の旧制中学校は県立以外には一校も無く、当然県立以外には中学校はできないものと思っていただけに、大変驚き、また希望と光を見つけた思いでした。

――『私の回想と生きてきた道』より

家を離れ、寄宿生活をしなければ上級学校への進学ができなかった大下条村はじめ阿南地域（阿智川以南）の村々にとって、地元に中学校を設置することは長年の夢だった。中学校への進学を断念した経験を持つ忠綱にとっても、同様だった。

とはいえ、山間地に県立中学校をつくることは「しょせんかなわぬ夢」と諦めていた。

ところが、望月では組合立で中学校をつくったという。教育村長・忠綱にとって「希望と光を見つけた思い」だったのだ。早速、自らの目で確かめるため、忠綱は書記の伊藤義実と連れ立って望月へ向かった。

開校直後の望月中学校（長野県望月高等学校の前身）は、本牧村《もとまき》（現・佐久市望月）の本牧国民学校内に置かれ、同国民学校の施設・設備を借用して運営されていた。国民学校は、それまでの小学校が1941（昭和16）年の国民学校令によって改称されていた。学校組合は、この本牧村と協和、春日、布施（以上、現・佐久市）の4ヵ村で運営されていた。

望月に宿をとった忠綱は、ちょうど同じ宿に下宿していた望月中学校長の大井章と出会い、設立経過などを聞いた。大井は忠綱に「田舎は有為な人材がいても教育の機会に恵まれないので人材が出ない」「実業学校では上級学校への進学が困難」であるために専門学校や大学に直結する「正規の中学校を設立しなくてはならない」、また「その地方が熱心に運動努力」をすれば「設立可能」であることを語った。

大井の話に力を得た忠綱は、帰村後、直ちに学務委員を招集した。学務委員は戦前、公立小学校の学務・事務を担当した委員で、現在の教育委員に近い。大下条村には５人いた。忠綱の望月視察の報告を受け、学務委員会は中学校の建設と、そのために望月中学校はじめ県内の学校を視察することを決めた。

その後、忠綱は下伊那郡町村長会の折に平岡村（現・天龍村）の村長と懇談し、平岡村にも阿南地域に中学校を設置してほしいという希望があることを確認。また、２月下旬、平岡村で開催された村議、学務委員の集まりでも中学校建設が話題となり、関係村が集まって「充分検討してみては如何《いかが》か」ということになった。

そこで忠綱は、同年３月３日、村会協議会を招集して阿南地域の村長、村議、学務委員を集めた合同会議を大下条村役場で開催することを提案し、村議の了解を得た。

翌３月４日、阿南地域の各村長、村会議員、学務委員合同会議が役場で開催された。富草村からは村長ほか３人（村議、学務委員）、泰阜村は助役と学務委員、旦開《あさげ》村（現・阿南町新野）は助役、平岡村は村長ほか３人（役職不明）、和田組合村（現・飯田市南信濃、上村地域）は村議と学務委員、そして大下条村からは忠綱と村議の三浦平市、伊藤昇、小林善一の４人が参加した（会議記録／昭和18年１月。なお『私の回想と生きてきた道』とは出席者に違いがあるが、会議記録の文書には出席者の自筆署名があるため会議記録によ

った）

合同会議では、中学校建設が「極めて必要なる問題」であることを確認。その上で財源、創立経費、規模等を十分研究し、また、中学校と農林学校のどちらにするか検討した上で、可否を決定することとした。さらに、北信方面（長野県北部）への実例視察や、そのために各村から2〜3人の視察者を選ぶことを決定した。会議では、当日欠席した下條村、神原村、豊村への連絡分担も決めている。

大下条村では、3月11日に村会協議会を開催し、三浦平市、伊藤昇の2人を視察者として選んだ。ただし、視察当日は伊藤昇に代わり、学務委員の金田千晴が参加している。

視察は、同年3月13〜14日に実施された。望月中学校などを視察した一行は、翌15日には県庁に出向き、教学課に中学校建設を陳情した。この時の教学課長は佐藤貞治だった。一行の陳情に対して佐藤課長は、次のように述べたという。

県としても下伊那郡の中等学校の現状が他郡に比し僅少《きんしょう》なること殊に下伊那郡南部方面の恵まれざる状態を充分認識せられており、極めて好感を以て陳情を受けられた。特に女学校設立問題に付本村として特別に陳情の処、県の意見として村に於いて設立

の希望あらば着々計画許可稟議《りんぎ》書を提出しては如何と意見ありたり

——会議記録／昭和18年1月より

これは、3月18日に開催された大下条村の村会学務委員合同会で忠綱が報告したものだ。この日の陳情について、忠綱は「県の意向が当地方に対し極めて同情的好感を寄せつつある」こと、「女学校設立は比較的平易に設立出来」たとの感触を得たこと——を述べている。15日の陳情で得た県の感触を参考にして、18日の合同会は大下条村の方針を論議し、次の方針を決定した。

中学校あるいは農林学校設立に就いては学校の設備、規模その他の関係よりして一村を以てしては負担に堪えざること明らかに付、組合立を適当と考えられるも本件は早急実現至難に付、阿南各村とも充分懇談、今後研究することに意見一致。本村としては、この際是非とも高等女学校を本村国民学校に併設昭和十八年度開校の予定を以て急速に進行文部省の許可を得ることに全会一致、決定。来る二十日正式村会を招集し、村の方針を正式に決定することに決す

——会議記録／昭和18年1月より

学校実現できず——阿南高誘致の礎に

中学校建設問題は今後の研究課題として、当面は実科高等女学校の建設運動を、大下条村のみで進めることにした。他村との関係は不明だが、『私の回想と生きてきた道』では「その後時局は次第に重大になり、一応大下条村だけで運動をすること」になったとしている。

女学校の話が、どの段階から出てきたのか分からない。だが、忠綱の1987年の証言には、県教学課に陳情した時「中学校は今すぐ認可できないが、実科女学校なら認可するのでとにかく文部省と話しをするように」という件《くだり》が出てくる。恐らくこの段階で、まずは学校を建設することを優先することを考えたのではないか——と思う。そして、他村との調整をする時間的余裕がなかったため、取りあえず大下条村だけで実科高等女学校を建設する方向へと進んだのではないだろうか。この日、合同会は実科女学校の開校を昭和18年度と決めた。残された日数は10日余り。時間がなかった。

3月20日、学務委員5人と国民学校長の倉田俊も出席して村会が開かれた。村会は、長野県大下条高等女学校について「本村は昭和18年4月1日より高等女学校令による長野県大下条高等女学校を設立するものとす」とし、学則とともに全会一致で決定した。

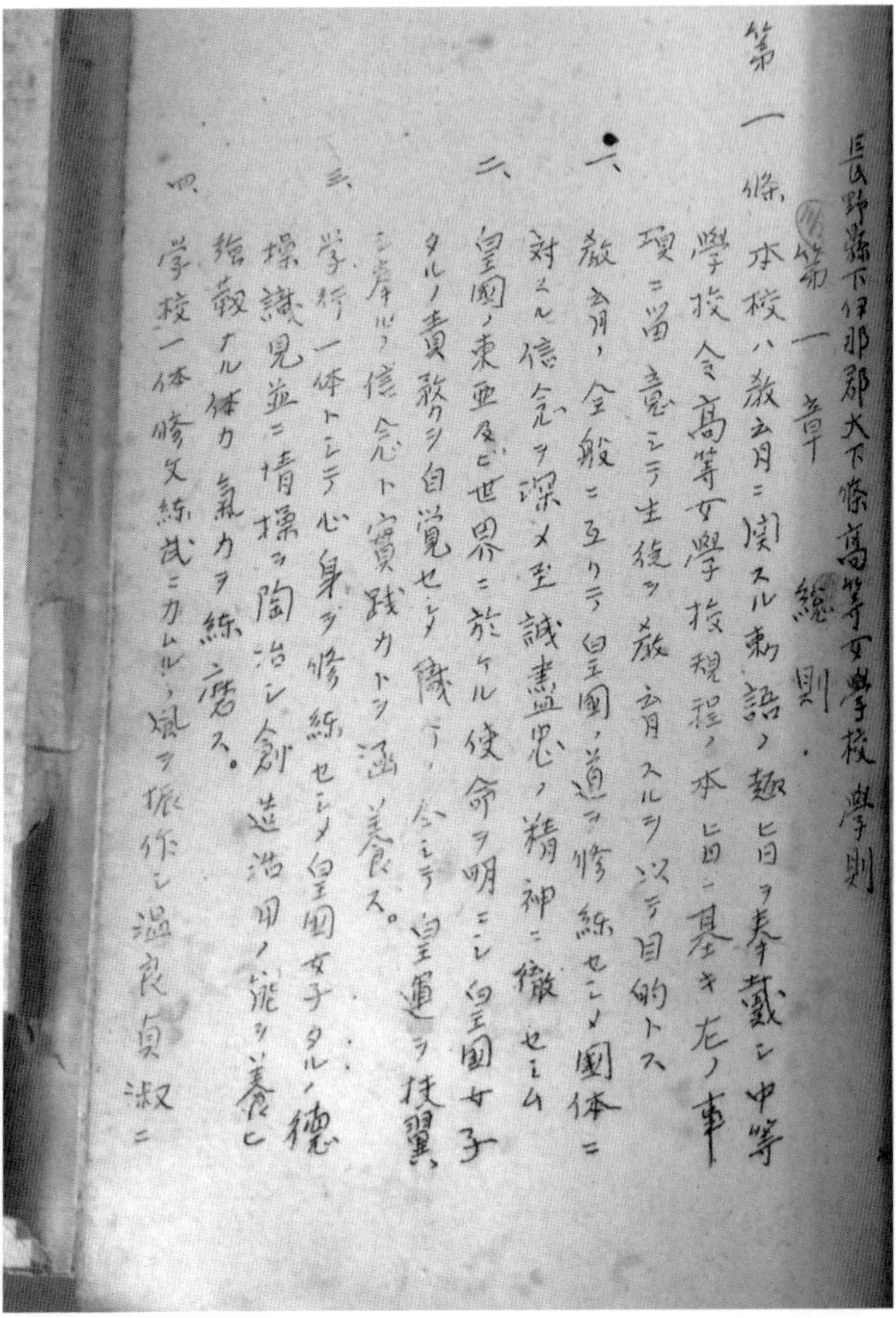
長野縣下伊那郡大下條高等女學校學則
第一章　總則
第一條　本校ハ教育ニ關スル勅語ノ趣旨ヲ奉戴シ中等學校令高等女學校規程ノ本旨ニ基キ左ノ事項ニ留意シテ生徒ヲ教育スルヲ以テ目的トス
一、教育ノ全般ニ亘リテ皇國ノ道ヲ修練セシメ國体ニ対スル信念ヲ深メ至誠盡忠ノ精神ニ徹セシム
二、皇國ノ東亜及ビ世界ニ於ケル使命ヲ明ニシ皇國女子タルノ責務ヲ自覚セシメ職[illegible]皇運ヲ扶翼シ奉ルノ信念ト實践力トヲ涵養ス。
三、学科ノ一体トシテ心身ヲ修練セシメ皇國女子タルノ德操識見並ニ情操ヲ陶冶シ創造活用ノ能ヲ養ヒ強毅ナル体力氣力ヲ練磨ス。
四、学校一体修文練武ニカムルノ風ヲ振作シ温良貞淑ニ

大下条高等女学校の学則。昭和18年4月の設立に向け、ここまで準備が進んでいた（村会決議留より）

3月25日、忠綱は学務委員・金田千晴、村議・三浦平市、書記・伊藤義実の4人で、長野県庁に出向き、教学課長・佐藤に陳情した。当日とその後の経過について、忠綱は次のように述べている。

（佐藤教学課長は）時局重大と云うことでなかなか受け付けてくれませんでした。その時、小県郡の県会議員宮沢才吉氏に会いましたので、事情をお話ししたところ、「おれの村でも東部農学校がこの頃認可になって開校したので、おれが協力しましょう」と云われ、直ちに学務《ママ》課長に話をしてくれました。県は、文部省の了解さえ得られれば、承認許可するという確認を得ました。下伊那出身の吉川代議士、中原代議士にお願いをして、文部省に陳情をしたのですが、時局重大な折であるから、戦争が終わるまで待つようにとのことで、中等学校設立の夢は不成功に終わりました。しかし、阿南地方に中等学校設立の希望があることを、郡下に表明する事には成功したと思っています。

――『私の回想と生きてきた道』より

文中にある下伊那出身の国会議員は、吉川亮夫《よしかわあきお》（1886～1954年）と中原謹司である。吉川は郡・県町村長会長を務めた有力者。中原は第５章で述べたように、分村移民に消極的な忠綱を恫喝《どうかつ》した国粋主義者だった。のちに忠綱が語ったところでは、吉川には断られ、結局、中原の仲介で文部省に行ったという（１９８７年証言）。

県と文部省との交渉経過については、昭和18年４月１日の村会と同月４日の村会議員・学務委員合同会で忠綱が報告している。そこで報告から一部抜粋して回想を補う（会議記録／昭和18年1月）

まず、県が受け付けなかった理由は、「本年開設するには既に余日少なきため、到底詮議不可能」であることと、「本年は中等学校学則の改革あり、文部省として絶対認可せざる模様に付、本件から見ても本書類の詮議は行い難い」――という２点だった。そこで「文部省の意向」と「県の真意」を確かめるために、３月26日から31日まで、長野県庁と文部省の間を往復することになる。

その結果、文部省からは戦争が終わるまで待つように言われた。長野県からは「本年度は到底実施するのは不可能に付、19年４月より設置」すること、「村立とするよりも将来を考慮するときは組合立」とすること、「４月中旬、県より中等学校視学および事務担当者を派遣」し視察すること――などの意見が出た。結局、４月開校は見送りとなった。

大下条高等女学校建設は1年先送りとなった。その後も、学校建設は村会の話題となることもあったが、戦局が悪化する中で事実上断念せざるを得ない状況となってしまった。学校新設どころか、既存の学校自体「機能停止」に近い状態となってしまったのである。

例えば、日中戦争以後の労働力不足を補うために始まった学徒動員は、当初年間30日以内としていたが、昭和18年に入ると年間60日に拡大、さらに同年10月には「1年の概ね3分の1」までに期間が延長され、挙げ句に翌19年1月に施行された緊急学徒勤労動員方策要綱で「通年動員」となった。長野県内の中学生や女学生が、愛知県内の軍需工場へ動員された。1945年4月になると、授業は原則として停止となり、学校教育は事実上崩壊したのである。

こうして中等学校、高等女学校設立の夢は不成功に終わった。

しかし、この2ヵ月間の学校建設運動から、忠綱の教育に寄せた思いと情熱が、ひしひしと伝わってくる。そして、村長としての指導力・行動力が、いかに優れていたのかが分かる。さらにハイテンポな進め方にも圧倒される。満洲分村への対応とは、あまりにも対照的な速さだった。

阿南地域の各村はもとより、長野、東京へと足を運んだ忠綱の胸中には、自由大学に学びを求めて飯田への山道を急いだ青春時代の思いが去来していたのかもしれない。

『長野県阿南高等学校五十年史』（以下「五十年史」）は、忠綱の言葉を次のように紹介している。

> わたしの運動は結局、時局がらダメということで終わったが、この後進地域を救うものは人材である。人材をつくるのは教育である。なんとしても高校を作りたかった。それは村長としての悲願であった。

忠綱の悲願は戦後、実現に向かって動き出した。

1948（昭和23）年、教育の機会均等の立場から阿南地域に新制高校を建設する方向となった。学校の設立場所をめぐって難航するが、最終的に大下条村内への開設が決定。この誘致に当たって、村の担当となったのが助役の久保田文晴だった。久保田は、第2期忠綱村政の収入役であり、中学校建設運動に参画していた。久保田は「行動を起こすにあたり気持ちの支えになるものがほしくて、前の村長佐々木忠綱氏を尋《ママ》ねた」（五十年史）

という。著者も、久保田から「高校誘致をすすめるにあたって不安があったので忠綱さんの意見を聞きに行った」と話を聞いた。
この時、忠綱が語った言葉を、五十年史は次のように記している。

私も阿南高校の設立には特別の関心を寄せている。いきさつを聞けばいまこそ大下条村が動き出す時期と判断する。大きな事業は時と人を得てなるものであるから、ぜひ率先して働いてほしい。村が土地のことで多少の犠牲をかぶることになっても、教育百年の見地から見れば、かならずよかったとわかってもらえる。私が戦時中かなえられなかった悲願がついに実現する日が到来した。戦争には負けたがこの地域の発展のことを考えると、こんなに愉快なことはない。ぜひ頑張ってほしい。

忠綱の助言を得て、久保田は高校誘致へと進む。昭和25年、新設高校は阿南高等学校として開校した。久保田は助役を辞し、阿南高校の事務長として新設高校づくりに尽力した。久保田は当時を振り返り「忠綱さんの存在は大きかった」と繰り返した。

医療への情熱――国保組合の設立

佐々木忠綱が、教育と並んで重視したのが医療だった。医療施策を考える時、まず最初に取り上げるのは国民健康保険（国保）である。

１９３８（昭和13）年４月、国民健康保険法が公布された。これは昭和恐慌下、医療費が農村家計を圧迫したことから、その対策として１９２２（大正11）年に発足した労働者疾病保険を参考にして考えられた施策で、折からの日中全面戦争を契機とする政府・軍部による「保険国策」の提唱を受けて成立した。長野県内でも、市町村を範囲とする国保組合がつくられた。ちょうど忠綱の第１期村政の時期だ。

忠綱は、国保組合の導入に積極的だった。当時を回想して次のように述べている。

当時、ちょっと病人が出て飯田（の病院）へ行くとなるとお金がない。そこで地主のところへ行って２円貸してもらいたい、５円貸してもらいたい（と頼んで借りた。）それを持って（飯田の病院へ）行く。このくらい（当時の農村は）疲弊したもんでありました。

――１９８７年証言より（かっこ内は著者補足）

村民が受診料を心配しなくても、医者にかかれるようにしたい……。この思いから忠綱は、1939（昭和14）年3月に「国民健康保険組合設立に関する協議会」を開催し、大下条村に国保組合を設置する準備を開始。この準備作業の中心となったのが、書記の小林博夫だった。小林はこの後、第2期佐々木村政の助役となった。

大下条村の国民健康保険組合の設立が、長野県知事・富田健治によって認可されたのは、昭和14年4月30日のことだった（長野県報第1259号）。これは「下伊那郡下では一番早い認可」だった（『私の回想と生きてきた道』より）。

この国保組合導入によって「大下条村は医療やその方面ではなかなか進歩的な村」と評価されるようになったと忠綱は語っている（1987年証言）。これ以降、大下条村の人々は、治療費を心配しなくても安心して受診することができるようになった。忠綱が手がけた国保組合の設立は、村民の生命と暮らしに直結する問題であり、村民の生活に寄与する取り組みだった。

疎開受け入れから阿南病院建設へ

佐々木忠綱の医療に向けた情熱を、もう一つ取り上げたい。現在の県立阿南病院開設につながる取り組みだ。

第２次世界大戦末期の１９４５（昭和20）年。この時、忠綱は村長ではない。彼が２回目の村長を退任してから１年半の月日が流れていた。ただし、村会議員は引き続き務めていた。

戦局がいよいよ緊迫し、本土各地の重要都市は米軍の激しい空襲を受け、首都圏はじめ大都市部の公私各機関の部分的または全面的な疎開が行われ始めていた。その一つに、千葉医科大学（国立大学法人・千葉大学医学部の前身）があった。疎開の経過を『千葉大学医学部八十五年史』（以下「八十五年史」）は、次のように説明している。

四月頃より北信上田地方、東北地方等調査したが適地を得られず、五月頃より河合、鈴木正夫両教授の調査により南信天竜峡以南の山村に散開疎開する可能性が見いだされたので、六月に先ず、医専部第一学年を長野県下伊那郡大下条村、第２学年を同下條村に疎開せしめ、教育、診療その他生活資材を同所に送出することに定めた。

この文の「南信天竜峡以南の山村に散開疎開する可能性」の部分が、忠綱に関係するところになる。

もう少し詳しく説明したい。疎開地を探しに2人の教授、河合と鈴木が訪ねたのは下伊那地方事務所だった。対応した兵事厚生課長・座光寺久男は、飯田が既に東京医学専門学校（東京医専、東京医科大学の前身）の疎開地と決まっていたため、大下条村を紹介した。千葉医科大は、大下条村長の金田理玖と交渉。金田は「応召徴用次々にて、人心の動揺甚だしく殊に、食糧事情がひっ迫の折から集団受入には非常に困難」（小林郊人『下伊那医業史』より）として、いったんは断った。

そこで座光寺は、忠綱に電話を入れた。座光寺は忠綱に「食糧事情の悪い時だけれども、大下条村は保健衛生については前々から熱心な村だから、これに関係の深い医科大学の疎開を是非受け入れてくれ、見込んで頼むから」と要請した（『私の回想と生きてきた道』より）。

忠綱は、国保組合専任書記（衛生主任）の松下重光に「疎開を断ることはない。一緒に村長と話をしよう」と連れ立って役場に出向き、金田を説得した。松下は、かつて伊那自由大学を一緒に受講した仲間でもあった。松下は、この時のことを「佐々木さんに話したら、やろうと力をつけてくださったのです」と語った（阿南病院『50周年記念誌』より）。話し合い、というより忠綱の熱心な説得の末、金田は考えを転換し、千葉医科大の疎開受け入れを了承。金田村長は村会に諮って千葉医科大の受け入れを決定し、受け入れの要項が作成された。教授・学生の宿舎の確保、教室・共同炊事場の改造整備、食糧自給のための耕作地の借り入れと甘藷《かんしょ》の植え付けなど、具体的な準備が進められた。7月に入ると教授・学生らが来村、村内各戸に分宿した。忠綱の家にも5人の学生が寄宿した。

疎開地での大学「天竜分室」について、「八十五年史」は次のように記している。

かくして小池学長、佐藤、赤松、森田、河合、堂野前、鈴木正夫等の諸教授、医専部教官一同列席の下に8月10日下條村、同11日大下条村にて天竜分室の開校式を行った。そしてその後、河合、堂野前、鈴木の三教授が奔走、両村およびその周囲の富草、泰阜等の諸村に学生、教官、施設等の配布に関して種々《いろいろ》画策中に、8月15日の終戦を迎えたのであった。終戦とともに疎開の必要は消滅したので天竜分室は閉鎖撤収され、医専部一、二学年は9月20日以降千葉に於《お》いて授業された。

天竜分室は、短期間で終了した。しかし、疎開の受け入れは、大下条村はじめ阿南地域の人々の生命と暮らしにとって極めて大きな〝遺産〟を残した。総合病院の設立だ。経過の一部を「八十五年史」から、さらに引用する。

この疎開を通じてこの地方、すなわち阿智川以南、いうところの阿南各村民の好意《ママ》ははなはだ感謝に値するものであった。この好意に報いるため大学はその疎開撤収にあたり、医療資材の一部を遺《のこ》し、その後もその施設育成に力を与えた。地方民もそれに対して大いなる努力を払い、七ヶ村共立、日本医療団附属等の段階を経て、昭和23年（1948）長野県立阿南病院となり、交通の要衝たる立地条件を利して現在の盛況の基礎となった。大学はまたこれを拠所《よりどころ》として医学研究および同教育の拡充を図り、本学部農村医学研究施設阿南分室をここに置き、同研究ならびに学生実習を、この周辺の農山村を対象として行いつつあるのが現況である。

忠綱は、病院設立委員を務めたが、建設運動の中心には座らず、側面援助に徹した。それでも大学の疎開から病院建設に至る経過を振り返ると、やはり疎開受け入れを方向付けた忠綱の功績は大きかった。

もし忠綱が、座光寺の電話に反応せず、行動を起こさなかったら阿南地域に病院が生まれることはなかったと思われる。この一件もやはり、「教育と医療はこの世の中で最も基本的で重要」とした忠綱の信念が生きている。

五人組――忠綱を支えた仲間たち

佐々木村政の基本が、教育と医療にあったことを見てきた。ここでは忠綱を支えた人たちがいたことにふれておきたい。仲間のことである。４人いた。

助役の小林博夫、村会議員の伊藤昇、収入役の久保田文晴、書記の伊藤義実。肩書は、忠綱の第２期村長時代のものである。

彼らは、忠綱も含めて「五人組」と自称していたという。これは伊藤昇の長男・千俊に聞いたことだ。小林、伊藤昇は、忠綱と伊那自由大学に通った仲であり、大下条青年会の仲間であった。小林は、忠綱の次に大下条青年会長を務めた。伊藤昇と小林は、飯田中学の同級生でもあった。少し年下の久保田と伊藤義実も含め５人は、年長の忠綱をリーダー

「五人組」が写っている、昭和12年当時の収入役出征時の記念写真。前列左2人目から久保田文晴、伊藤義実、忠綱。同7人目が小林博夫。後列右端が伊藤昇＝阿南町提供

に結束していたようだ。千俊は、父親が常々「佐々木さんについて行けば間違いない」と言っていたのを記憶している。

五人組は、村会のある時には、伊藤昇の家に集まったという。伊藤の家は、村内の西条の山手にある一軒家で、役場からは離れていた。忠綱の家は、役場に近かったため、人目に付きやすく都合が悪かったのだろう。

五人組は、夜遅くまで伊藤家の奥座敷で議論を交わしていたという。どんな議論をしていたのか、小学生の千俊には分からなかった。ただ一つ、千俊が鮮明に記憶していることがある。それは、小学校の頃、五人組が「学校の理科はいいのか」と話しているのを聞いた時のことだ。その時は何を話しているのか分からなかったが、1年後に小学校の理科の備品が新品になっ

「五人組」の一人、伊藤昇（村議）の長男・千俊。写真の部屋は、忠綱ら五人組が議論を交わした伊藤宅の奥座敷

ているのを見て驚いたのと同時に、あの時、父親たちが話し合っていたことが分かったという。

ここで思い出してほしい。第5章で「ある方面」（118ページ傍線部）からの要請で、忠綱が村長を引き受けることになったことを書いた。この「ある方面」というのが、この五人組のことなのである。村政の混乱を収拾して、安定化させるために忠綱を担ぎ出したのだ。当然、佐々木村政が誕生すると、4人は村政を支えて各部署で頑張った。千俊は「五人組が頑張り、安定勢力をつくって村政の混乱を終息させた」と語った。

さらに五人組の周囲には協力者がいた。前出の松下重光らがそれに当たる。

佐々木村政を支える仲間のネットワークがあった。ただ、五人組がどのような役割を担ったのか、現段階では分からない点も多い。例えば伊藤昇は、１９４３（昭和18）年から終戦まで翼賛壮年団長を務めている。前出の翼壮が一枚岩ではなかったことがここでも分かるが、大下条村内の翼賛運動は未解明であり、これらは今後の研究課題となる。

佐々木忠綱が、なぜ分村移民を拒むことができたのか――。その背景をみてきた。教育と医療を基本とした村政に確信があったこと、「情熱と行動力」の村政への支持があったこと、佐々木を支える家族と村政を共同で進める「仲間」がいたこと――などが見えてきた。これらの力が満洲分村から村民を救い、同時に学校や病院建設への道を拓《ひら》くことへとつながったのは、明らかである。

第7章

満洲国の崩壊と忠綱の戦後

本土決戦計画と満洲国

1944（昭和19）年7月7日、首相兼参謀総長・東条英機が「難攻不落」と豪語していたサイパン島の守備隊が全滅。「絶対国防圏」が崩壊した。10日後の同月17日、東条内閣は総辞職し、代わった小磯国昭内閣の下で、本土決戦の準備が進められた。

同月24日の「陸海軍爾後の作戦指導大綱」で本土決戦（捷《しょう》3号作戦）を「国体護持」（天皇制政治体制の維持）の一つの選択肢と決定し、その準備が開始された。準備の中には、沿岸の砲台建設、特攻兵器（回天など）・報復兵器（風船爆弾など）の開発に加え、「松代倉庫工事」の開始なども含まれていた。

松代倉庫工事は、本土決戦時に戦闘司令部に当たる大本営の安全を確保するために、東京にある大本営と関連機関（政府、各省など）の機能を、長野県埴科郡松代町（現・長野市）とその周辺の村々へ移転させる工事のこと。いわゆる「松代大本営」として知られるが、秘密工事のため、この名称を使った。1944年11月から地下壕の掘削作業が始まり、翌年6月頃には大本営を移せる段階にまで達した。

本土決戦準備は、情勢等によって変更はあったが、基本的にはアメリカ軍の本土上陸と、それに伴う地上戦を想定したもので、そのための沿岸防衛体制の構築と兵力造成が中心であった。国内では召集により、成人男性の「根こそぎ動員」が行われ、急ごしらえの兵力は290万人を超えた。さらに、15～60歳の男性と、17～45歳の女性の全員と志願者を召集（義勇召集）して「国民義勇戦闘隊」を編成し、本土決戦の際には全員戦闘に参加させる——とした。

では、満洲における本土決戦準備は、どのように進められたのだろうか。

歴史学者・加藤聖文『「大日本帝国」崩壊』によると、おおよそ次のようになる。

まず、1944年9月18日、大本営は関東軍に従来の「対ソ攻撃」から「持久戦」への転換を命じた（大陸命第1130号）。南方への兵力抽出で弱体化した関東軍の主任務を、攻撃から守勢に転じたのだ。この大陸命を受けて関東軍は「持久戦計画」を策定。それは1945年1月17日までに、本土決戦の後ろ盾として満洲東南部と朝鮮北部を確保する——という内容だった。この時点で、日本人開拓団が点在するソ満国境地域の防衛は放棄された。

1945年5月30日、大本営は関東軍に全面的戦争準備状態に入るよう命じた（大陸命第1338号）。また、朝鮮の第17方面軍（京城＝ソウル）との作戦任務（「北鮮に於《お》ける対ソ作戦準備」）を与えられた（大陸命第1339号）。これ以降の関東軍は、持久戦計画に基づき鉄道の京図線《ジントウ》（新京—図們《トウメン》）と連京線《リエンジン》（新京—大連）の内側（南東地域）で対ソ持久戦準備を進めることになった。これによって、満洲全域のうち4分の3が放棄されることになった。加えて、ソ満国境周辺のソ連軍に対して無用な刺激をしないよう、細心の注意が払われるようになったという。

言い換えれば、長春を頂点とし、図們と大連を底辺とする三角地帯を堅守しつつ、日本本土を主戦場とし、満洲と朝鮮を補助戦場とする戦略だった。本計画は秘密裏に運ばれたため、知らない開拓団員は、最後まで関東軍が自分たちを守ってくれるものと信じて疑わなかった。しかし、関東軍の方針は「開拓団員の戦場放置」だった。

この時期、本土決戦準備のため関東軍の主力部隊の内地へ移動も加速化。「松代倉庫工事」に関東軍の自動車部隊や野戦建築隊などが投入されたのも、この頃だ。

こうして国内移動や南方戦線への転出で、関東軍の戦力は低下した。その補充として現地召集されたのが、満洲在住の17歳から45歳までの日本人男性だった。昨日まで鍬や鎌を持っていた農民が、1週間後には銃を手にすることになったのだ。その数は約15万人という。その内、開拓団からの応召は、約4万7000人に上った。「根こそぎ動員」である。

満洲移民に課せられた当初の〝役割〟が現実のものとなった。この「根こそぎ動員」によって関東軍は約66万の兵力となり、数的には最盛時に近い状態となった。しかし、質的には比較にならない、〝生きた案山子《かかし》〟の集団だった。

一方、開拓団には女性、子ども、老人たちが残された。その数およそ22万３０００人。この開拓団に「運命の８月９日」が訪れることになる。

満洲国崩壊と日本人の悲劇

日本とソ連は、１９４１年４月に「日ソ中立条約」を締結した。条約は、両国間の相互不可侵と、戦時の中立を定めた。しかし、同年６月に独ソが開戦すると日本陸軍は関東軍特殊演習（関特演）を実施し、対ソ開戦準備を進めた。

また、ソ連も１９４５（昭和20）年、対独戦の勝利が近づくと、同年２月のヤルタ会談で、ドイツ降伏２、３ヵ月後の対日参戦と戦後の南樺太・千島列島の取得などの秘密協定を英米と結び、対日戦を決定。同年４月に条約不延長を日本に通告した。そして、対日戦準備を進め、１９４５年８月８日夜、日本に対して宣戦を布告、翌９日未明から総攻撃を開始した。

ソ連軍の総兵力は157万7700人余、火砲は2万6137門、戦車と自走砲《じそうほう》は5556台、飛行機は3446機だった。さらに数百隻の作戦艦船と3個防衛軍も援護した。関東軍と比較すれば兵力では相対的優勢、武器装備では絶対的優勢だった。

ソ連軍は、東部、西部、北部の3方面から国境を越えて満洲に侵攻した。中でも西部から侵攻したザバイカル軍は、8月15日には首都・新京に到達した。ソ連軍の侵攻時、関東軍の主力は朝鮮国境に移動中だった。そのため、ソ満国境に入植した満洲民は、ソ連軍の攻撃にさらされた。

ソ連軍が接近する中、新京は放棄された。8月11日から関東軍総司令部は、朝鮮と隣接する東辺道の通化《つうか》に撤退。満洲国政府の中国人高官や皇帝・溥儀は、臨江県大栗子《だいりつし》に落ち延びた。

この間、日本政府は8月6、9日の広島・長崎への原爆投下と、ソ連参戦の中で最高戦争指導会議「御前会議」を開き、本土決戦を主張する陸軍大臣や参謀総長を抑え込んでポツダム宣言受諾を決定、14日に連合国に通告した。翌15日正午、天皇が「終戦詔書」をラジオ放送し、一般国民に戦争の終結が伝えられた。この日、松代大本営工事はじめ、本土決戦準備は全て中止となった。18日、満洲の大栗子では、皇帝・溥儀が退位。満洲国はわずか13年5ヵ月で崩壊した。

日本が降伏し、満洲国が崩壊したが、ソ連軍の攻撃は続いた。大本営は8月16日「即時戦闘行動を停止」するよう命じたが、自衛のための戦闘は認めたため、一部の地域では戦闘が続いた。特にソ連軍は、日本軍が対ソ戦のために築城した国境要塞を激しく攻撃した。徐焔『一九四五年満洲進軍』によると「重砲と飛行機が猛攻撃を加え、続いて戦車の援護を受けた歩兵が突撃し、難攻不落の拠点に対しては爆破兵が弾薬を運んで爆破させるか、またはガソリンを注入して焼却する手段がとられた」という。

中でも、虎林線の終着地・虎頭は、ウスリー江を挟んでソ連と対峙する場所にあり、ここに構築された要塞「虎頭要塞」は、巨大地下壕を含む要塞群であった。虎頭要塞での激戦は8月26日まで続き、わずかに脱出したもの以外は全滅となった。犠牲者には、周辺の開拓地から避難した開拓団の人々も多数含まれた。2日後、東寧の要塞が降伏し、国境要塞での戦いは終わった。この間、18日から千島列島へのソ連の占領が始まり、樺太でも23日まで戦闘が続いた。

◀ソ連と対峙する地にあり、激戦が行われた虎頭要塞の跡に立つ碑。昭和20年8月26日、ソ連の攻撃により要塞にいた開拓団員を含む約2500人が犠牲になった

▶虎頭要塞の内部。弾薬庫の入り口

一方、新京に残された居留民にも避難命令が出された。しかし、避難用の列車に乗れたのは準備をしていた関東軍の家族だけで、大多数の居留民は乗ることができなかった。13日以降は鉄道も動かなくなり、歩くしか退避の手段が残されていなかった。

さらに混乱を極めたのは、満洲各地に残された開拓団の日本人たちだった。ソ連軍が侵入、情報が錯綜《さくそう》する中で避難が始まった。

荷物を馬車や荷車に積み込み、開拓地からの脱出が始まった。女性、子ども、老人たちの逃避行だった。彼らには日本の敗戦も、満洲国の崩壊も知らされなかった。ソ連軍の攻撃に加え、日本に反感や憎しみを抱いていた中国民衆が開拓団を襲った。満洲の大地を逃げ惑う開拓団に、次々と悲劇が襲いかかった。自殺、殺害、病死、事故死、略奪、暴行、栄養失調……。

苦難の末の避難民収容所の生活も、開拓民にとっては〝地獄の様相〟を呈した。氷点下30度にもなる寒さと飢え、さらには発疹チフスが蔓延《まんえん》し、多くの人が命を落とした。日本人女性の中国人との結婚、子売り、養子なども行われた。生きるためにやむを得ない手段であり、時には中国人の厚意でなされた。この状況下で中国に残った人々が、いわゆる戦後の「中国残留孤児」「中国残留婦人」となり、戦争の影を後世まで長く落とすことになる。

1946年3月にソ連軍が撤退。同年4月から米軍の輸送用船舶を使って日本人の引き揚げが始まった。2年間の引き揚げで約105万人が帰国できた。犠牲者は24万5000人（日ソ戦を含む）に上った。死亡者のうち、約8万人が開拓団の人々だった。

ソ連軍は、降伏した関東軍兵士や民間人（朝鮮人・中国人を含む）を労働力としてシベリアに移送した。いわゆる「シベリア抑留」であるが、その数は約60万人に上り、うち約6万人が命を落とした。また、国境内戦時に中国共産党軍に留用された約8万人の日本人（技術者、医師、看護婦など）がいたという。

なお、満洲移民を全国で最も多く送り出した長野県人の犠牲者は、1万6447人であった。送出者の約半数が死亡したことになる（長野県史／通史編第9巻近代3）。国策として県も推進した満洲移民は、長野県に大きな傷跡を残した。

佐々木忠綱は晩年、下伊那郡河野《かわの》村（現・豊丘村）からの開拓団と、村長・胡桃沢盛《くるみざわもり》（1905〜1946年）について、しばしば回顧している。

河野村は「満洲開拓第二期五か年計画」が進められた1943（昭和18）年に、分村移民に踏み切った村だった。胡桃沢は「安易のみを願っては今の時局を乗り切れない。俺も男だ。他のどこの村にも劣らない、否《いや》、優れた指導者として飛躍しよう」と日記に記して、分村移民の道を選んだ。胡桃沢と忠綱は青春時代、伊那自由大学で共に学んだ経験を持つ。そして忠綱と同時期に村長を務めた。しかし、満洲移民について、二人は対極の道を選んだことになる。

第13次石碑嶺河野村開拓団は、1944（昭和19）年に先遣隊、翌45年春に本隊が入植した。同年8月16日に73人が集団自決し、当時15歳だった少年1人が生き残った。戦後、この事実を知って自責の念に駆られたのか、胡桃沢は1946年に自ら命を絶った。

「もしあの時に分村しておったら、大勢の犠牲者を出し、自分も生きておれなかった」――。胡桃沢の死を聞いた忠綱は、長男・忠幸に繰り返しこう語ったという。

満洲移民という国策によってもたらされた悲劇は計り知れない。が、すべての誤りの出発点は、日本の大陸侵略そのものにあった。他国を侵略し、他民族を蹂躙《じゅうりん》した時から、日本の末路は定まっていたのかもしれない。満洲移民はそうした〝歴史の過誤〟を告発し続けているのだ。

西富士開拓への熱意

戦時中、満洲分村移民を一貫して拒んだ佐々木忠綱だったが、戦後は〝一転〟。分村による集団入植方式で、日本国内の開拓に村民を積極的に送り出した。それが「西富士長野開拓団」である。送出は終戦から半年、1946年1月。「西富士」とは、静岡県富士宮市の富士山西麓地域で、標高600メートルを超える高原地帯に位置する。一般には「朝霧高原」の名で知られる。

この富士山西麓は溶岩に覆われ、一部を除いて全く水に恵まれない地域だった。戦時中は、陸軍の広大な演習地や、少年戦車学校など軍用施設があった場所であるが、農業を興すには「不毛の原野」といえる場所だった。

そんな土地で開墾作業に携わった西富士長野開拓団員は130人。大下条村を中心に周辺の村々からの参加であった。団員の大半は軍人出身で、その中には満蒙開拓青少年義勇軍からの帰還者十数人も含まれていた。多くの団員を統率するため、大下条村は当時助役だった伊藤義実を西富士に送り出した。伊藤は、佐々木忠綱の村政を支えた「五人組」の1人であり、学校建設で尽力した人物だった。西富士開拓の成功を願う忠綱の要請を受けての入植だった。団長となった伊藤はその後、終生を西富士開拓にささげることになる。

大下条村の西富士開拓は、忠綱が〝起点〟になっている。

終戦から間もない1945年8月下旬、忠綱はラジオから流れたニュースに耳を止めた。政府が緊急開拓のため近々「西富士の軍用地を解放し、払い下げる」という内容だった。忠綱は「あれを聞いたのは私一人ではないでしょう。村の人もみんな聞いたはずです。たまたま私は村会議員だったので、すぐ議会の問題にした」と語った（甲田寿彦「西富士開拓に生きた人たち」より）。この2年前の中学校建設は新聞がきっかけだったが、今回はラジオのニュースだった。

阿南町誌は、当時の状況について、次のように記している。「大下条村は満洲開拓など戦後の引揚げ者も多く、どこの村とも同じように人口が急増し、その対策をどのようにするかが大きな課題だった」。忠綱はいずれ訪れるこうした事態を予見したのだろうか。早速行動に移した。

西富士・広見（現・富士宮市）の作業風景。大下条村から入植した人たちが荒涼とした平原を馬やくわなどを使って農地に開拓した。昭和22年＝『西富士開拓30年史』より

まず、村長の金田理玖を説得し、次に村議会招集を求めた。9月中旬、戦後最初の村議会が開かれ、忠綱は開拓事業を提案。この議会では、前章で取り上げた病院建設や上水道整備も議題となり、「開拓事業」と合わせた三大事業として可決した。

ところで、幣原《しではら》喜《き》重《じゅう》郎《ろう》内閣が「緊急開拓事業実施要領」を閣議決定したのは、大下条村会から2ヵ月後の１９４５（昭和20）年11月9日。この実施要領では、緊急開拓の方針を「終戦後の食糧事情及復員に伴う新農村建設の要請に即応し大規模なる開墾、干拓及土地改良事業を実施し、もって食糧の自給化を図ると共に離職せる工員、軍人その他の者の帰農を促進せんとす」と規定していた。開拓事業は１９４６年度から5年間で１５５万町歩（約１５４万ヘクタール）を開墾し、干拓

事業は約10万町歩を6年間で完成させる――とした。実施要領は、さらに帰農方法などを詳述し、開墾・干拓年次計画などを参考資料として付している。国を挙げて取り組む事業、つまり国策事業だった。

伊藤を団長とする西富士長野開拓団は「入植当時は物資窮乏の折にて、開拓者の生活は筆舌に尽くし難き苦難の連続」（阿南町誌）で、入植の翌年には31人が退団する状態だった。『西富士開拓30年史』には、入植当時の写真とともに「草地の広がった西富士開拓も、その当初は農業とは名ばかりの傾斜地にへバリついて陸稲や雑穀、美濃早生大根を生産の手段とした時代があった」と書かれている。こうした開拓団に、母村の大下条村は、のちの阿南町制施行後も通じ、入植者の家族会と西富士開拓委員会をつくり、長期にわたって物心両面から支える態勢をとった。

入植6年目の頃から電灯や水道が整い、人員も350人を超え「苦しい時代を乗り越えた」（阿南町誌）と言えるようになった。その後の開拓地の農業経営は、野菜栽培から酪農経営に転換し、一帯は酪農地帯となって行く。

「全国的に見るとほとんどの戦後開拓は失敗に終わっている」（加藤聖文『満蒙開拓団』

より）と言われる中で、大下条村の西富士開拓は成功した一例と言ってよいだろう。政府に先行して迅速に対応し、村として開拓の資料収集をはじめ、農林省など関係機関との交渉、現地視察、そして具体的支援体制を整えたことなど、村の積極的な取り組みと伊藤たち開拓団の努力が結果として実を結んだと言える。

満洲への分村を拒んだ忠綱と、西富士への分村を進めた忠綱。この忠綱の違いは、何だったのだろうか。やはり侵略によって成り立った満洲の開拓は、本来の開拓とは全く別物だったということだろう。

「やってはいけない開拓」と「やらなければならない開拓」――。

明確な区別が、忠綱の中にあったのであろう。一方、満洲への分村移民は拒んだものの、「自発的」な満洲移民は引き留められなかった。そうした村民を迎え入れることに、かつて村長であった者としての〝責務〟を感じていたのかもしれない。

公職追放――政治の舞台から去る

興味深い証言が残されている。西富士長野開拓団の副団長を務めた中島富雄の証言だ。

中島は、満蒙開拓青少年義勇軍の出身で、忠綱に西富士での開拓事業推進の柱として頼りにされ、事業の準備段階から参画した人物だった。

「佐々木さんは、村長時代に内務省の指示下ではできなかった村づくり（理想郷）を西富士で描いていたのではないか」（静岡地理教育研究会『富士山　世界遺産への道』より）。あくまでも推測としているが、前章の「五人組」につながる指摘で興味深い。

いずれにしても満洲分村でエネルギーを消費しなかった大下条村は、戦後直ちに三大事業に着手する〝余力〟があった。さらに、事業を推進するリーダーがいた。前章に登場した熊谷竜男は「当時は目を見張るようなすばらしい先輩が村をリードしてくれた。大下条村の最も輝ける時代であった」と語っている（同）。

戦後いち早く地域の振興をリードした忠綱だったが、占領軍によって発せられた1947（昭和22）年1月4日付の第2次公職追放令で、公職から追われた。全国で20万人を超える追放だった。大下条村は、村長経験者では忠綱と金田理玖の2人が対象となった。

「この追放は、かなり不満だったようだ」と長男・忠幸は話す。意を決して国策の分村移民を拒み、ずいぶん苦境に立った忠綱にしてみれば、当然だったように思う。ただし、第2次追放令は、地方の村長に至るまで、公職経験者は追放の対象となった。村政の最高責任者として責任を問われる立場ではあったのだ。

追放が解除された後も、しばらく政治に関係しなかった忠綱は1959（昭和34）年4月、合併で誕生した阿南町の2回目の町議選に当選し、地方政治に復帰。が、1期4年で町議を辞め、それ以後、政治の表舞台に出ることはなかった。晩年、叙勲の話があったが、本人は全く関心を示さなかったと言う。

町を見守り続ける

家に戻った佐々木忠綱は、家業に専念した。しかし、家業の養蚕業は昭和恐慌で打撃を受けて以来、長く低迷し、回復の兆しがなかった。思い余った忠綱は、養蚕から果樹栽培、リンゴへの転換を決意する。愛知県一宮市から苗木30本ほどを移植、合わせて幼木の新植を始めた。桑畑を全面的にリンゴ畑に転換した。福島からも苗木を導入した。なかなか収穫できず、軌道に乗るまで10年の歳月が必要だった。

1968（昭和43）年1月、妻てるが心筋梗塞で死去（享年66歳）。五女・田村キヨは

大下条地区にある阿南町役場の近くに立つ忠綱の墓

「母が亡くなってからの父は、話し相手がいなくなってしまったといって泣いていた」と振り返る。体が弱かった忠綱を心配しつつ、一番理解し、分村移民「拒否」を後押しするなど、どんな時も支えてくれた妻を失った喪失感は大きかった。

　晩年、忠綱が繰り返し語った言葉を、キヨははっきりと覚えている。それは「世の中で一番尊いものは人の心である。人には親切にしなければいけない。でも、ただ思っているだけではそれだけの人。すぐに行動に移してこそ気持ちも伝わり、教養ある人になれるのだ」という言葉だった。

　そして妻の死から約20年後。１９８９（平成元）年10月１日、忠綱は92年の生涯を閉じた。

　忠綱の最期の言葉は「学問を学問とする学問」。

　この言葉を３度繰り返した後、「これで充分」と言って息を引き取った。

遺骨は、町役場に隣接した佐々木家の墓に埋葬された。墓石には、自らが生前に命名した「法城院殿青嵐知生居士」の法号が刻まれた。

佐々木忠綱は、満洲分村から守った村を見守るように、今もこの地に眠っている。

佐々木忠綱 略年譜

※忠綱本人に関わる出来事は明朝体、国内外の動きはゴシック体で表記

1898（明治31）年 3月2日、長野県下伊那郡大下条村千木（現・阿南町東条）に父・音弥、母いくの長男として生まれる
5月8日、母いく死去
1904（明治37）年 4月、大下条尋常高等小学校に入学
日露戦争（〜05年）
1910（明治43）年 3月28日、大下条尋常高等小学校（尋常科）卒業
1914（大正3）年 **7月28日、第一次世界大戦勃発**
1916（大正5）年 10月、長野県立小県蚕業学校別科に入学
1917（大正6）年 9月、長野県立小県蚕業学校別科を卒業
1918（大正7）年 次弟・佐々木殖綱が死去（享年19歳）
11月11日、第一次世界大戦が終結
1920（大正9）年 5月18日、富草村の佐々木栄太郎三女、てると結婚
1921（大正10）年 3月31日、長男・忠幸が誕生

1922（大正11）年　11月1日、上田市に信濃（上田）自由大学設立
大下条村青年会会長となる。
5月6日、下伊那文化会を結成
8月14日、土田杏村講演会
9月24日、自由青年連盟を結成
1923（大正12）年　1月13日、下伊那文化会を「LYL」に改称
末弟・佐々木為綱が死去（享年23歳）
9月1日、関東大震災
1924（大正13）年　1月8日、信南（伊那）自由大学開講
3月17日、LYL事件
1926（大正15）年　1月30日、次男・顕が誕生
1927（昭和2）年　**金融恐慌**
1928（昭和3）年　**張作霖爆殺事件**
1929（昭和4）年　3月12日、長女・節が誕生
10月24日、ニューヨーク株式市場大暴落、世界恐慌（～32年）
12月20日、伊那自由大学が閉講
1930（昭和5）年　1月18日、祖父・三内が死去
2月20日、父・音弥が死去
1931（昭和6）年　6月28日、次女・澄が誕生

1932（昭和7）年 9月18日、柳条湖事件、満洲事変始まる
3月1日、満洲国建国宣言。9月、日満議定書調印（満洲国承認）
5月15日、五・一五事件
11月2日、リットン報告書公表
10月3日、第1次武装移民団が渡満
1933（昭和8）年 10月、大下条村助役に就任
9月17日、三女・久仁江が誕生
1934（昭和9）年 3月1日、満洲国が帝政実施
1935（昭和10）年 長男・忠幸、長野県立上伊那農業学校を卒業
1935（昭和10）年 10月16日、三男・壽英が誕生
1936（昭和11）年 2月26日、二・二六事件、蔵相・高橋是清ら殺害される
8月7日、五相会議「国策の基準」決定
1937（昭和12）年 4月、大下条村会議員に当選
5月26日、第35代大下条村長に就任（村長1回目）
7月7日、盧溝橋で日中両軍衝突、日中全面戦争始まる
11月20日、大本営を宮中に設置
12月13日、日本軍が南京占領、南京事件
1938（昭和13）年 4月1日、国家総動員法が公布
5月15日～6月6日、下伊那町村長会が満洲農業移民地視察旅行

1939（昭和14）年

9月14日、四女・直子が誕生

5月12日、ノモンハン事件

6月7日、満蒙開拓青少年義勇軍2500人の壮行会行われる

7月1日、大下条国民健康保険組合の設立認可

9月1日、ドイツがポーランドへ侵攻、第2次世界大戦始まる

1940（昭和15）年

7月9日、村長を退任

9月30日、四女・直子が死去（享年3歳）

1941（昭和16）年

4月13日、日ソ中立条約調印

6月1日、五女キヨが誕生

12月8日、アジア太平洋戦争始まる

1942（昭和17）年

4月、村会議員に当選

長男・忠幸が応召、高田連隊に入隊。「北支」を転戦（昭和21年4月帰国）

1943（昭和18）年

1月28日、第38代村長に就任（村長2回目）

12月5日、村長を退任

1945（昭和20）年

4月2日、義母みさよが死去

6月、千葉医科大学附属医学専門部、大下条村に戦時疎開

8月6日、広島に原爆投下

8月8日、ソ連、対日宣戦布告

8月9日、ソ連の対日参戦、ソ連軍満洲侵攻。長崎に原爆投下
8月11日、千葉医科大学天竜分室が開講式
8月14日、御前会議ポツダム宣言受諾を決定
8月15日、天皇終戦詔書を放送。第2次世界大戦終わる
8月18日、満洲国皇帝・溥儀が退位、満洲国滅亡
8月下旬、千葉医科大学天竜分室が閉鎖撤収

1946（昭和21）年　1月31日、西富士長野開拓団入植（1次73人）
3月、日本医療団阿南病院、診療開始

1947（昭和22）年　忠綱、りんご栽培を始める

1948（昭和23）年　6月1日、阿南病院が日本医療団から県立に移管される

1950（昭和25）年　4月、長野県阿南高等学校が開校式

1957（昭和32）年　7月、大下条、和合、旦開の3村が合併して阿南町発足

1959（昭和34）年　4月、阿南町と富草村が合併、新「阿南町」発足
4月、阿南町会議員に当選（1期4年）

1968（昭和43）年　1月24日、妻てる死去（享年66歳）

1979（昭和54）年　4月2日、自由大学研究会第6回春季研究例会で証言

1981（昭和56）年　10月31日～11月1日、自由大学60周年記念集会に参加し発言

1982（昭和57）年　9月、阿南町敬老大会で講演

1988（昭和63）年　2月17日、胃がん全摘手術、腸閉塞開腹手術（新潟県立がんセンタ

ー新潟病院で三男・壽英が執刀）

1989（平成元）年

10月1日午前2時、自宅で死去（享年92歳）。法号「法城院殿晴嵐知生居士」。

10月8日、葬儀・告別式

おわりに

本書を書き進める中で幾度となく思い浮かんだのは、杉原千畝《ちうね》（1900〜1986年）のことだった。

杉原は、第2次世界大戦中、リトアニアの領事館で領事代理としてナチス・ドイツに迫害された多くのユダヤ人に日本通過のビザを発給し、亡命の手助けをしたことで知られている。先年、カウナスの旧日本領事館を訪ね、執務室のデスクに座り、「命のビザ」を発給し続けた杉原に、しばし思いを馳《は》せた。

そんなことがあったせいか、今回、佐々木忠綱論を執筆する中で、何度か杉原と忠綱が重なって見えたのだ。杉原と忠綱では、状況も立場も、そして実行した内容も全く違う。しかし、私には2人がそれぞれの置かれたギリギリの状況の中で、最後に「良心にもとづいて」行動した点で重なるのだった。この一点が人間にとって最も大切なことである。それは、戦争時には〝生死の分岐点〟となる。

佐々木忠綱は、英雄でもなければ偉人でもない。普通の人である。しかし、彼の遺した足跡は、今を生きる私たちにとって学ぶべき点は多い。幸い、忠綱の出身地、阿南町の小・中学校では、人権学習の一環として佐々木忠綱を採り上げている。また、小学校の社会科副読本は、旧・大下条村出身の国語学者・西尾實に続き、「満州移民に反対した村長」として、忠綱について記述している。

本書の執筆を終わって、当初の目的が果たせたかと問えば、かなり心もとない。満洲移民を推進した村長、拒否した村長など他村村長との比較は、今回は全くできなかった。しかし、憲法改正や原発問題など「国策」の是非が問われる現在、佐々木忠綱の事例から学ぶことは、多い。

まずは一冊にまとまった「佐々木忠綱論」を世に送り出し、今回果たせなかったことは、今後の課題としたい。

本書は、全面的に書き下ろしたものだが、ここ数年の間に講演会等で話したことを下地にしている。阿南町では、2015年の「あなん文化講演会」で「今に甦《よみがえ》る、佐々木忠綱——満洲分村移民を拒否した村長の物語」、2017年の「町制60周年記念講演会」で

「今、佐々木忠綱から何を学ぶか――佐々木村政と教育・医療・満洲移民」と題して講演した。また、2017年には阿智村公民館と満蒙開拓平和記念館共催の講演会で「佐々木忠綱と満洲移民――村長はなぜ『分村移民』を拒んだのか」と題して講演した。さらに、2016年には、信州大学人文学部近現代史ゼミで報告した。この時の報告では大下条村の「五人組」について、大串潤児先生から当時、下村湖人が進めていた「煙仲間」ではないか――との指摘をいただいたが、資料調査が不十分だったため本書では生かすことができなかった。他日を期したい。いずれにしても機会をいただいたみなさんに感謝したい。

本書を執筆するにあたって阿南町教育委員会の南嶋俊三教育長、大平正章係長はじめ、教育委員会の皆さんには、役場史料の閲覧はじめ、さまざまな便宜をはかっていただいた。満蒙開拓平和記念館の三沢亜紀事務局長には、写真を提供していただいた。山野晴雄さんには、自由大学関係のご教示を受け、貴重な資料と録音テープ、写真をお借りした。笠原孟さんには、自由大学時代の忠綱関係の資料を提供していただいた。塚瀬進さんには「満洲国」に関して、宮島正男さんには小県蚕糸に関して、それぞれご教示いただいた。佐々木正人さんには資料収集などで手助けをしてもらい、伊藤千俊さんには貴重なアドバイスをいただいた。皆さんに感謝したい。

佐々木家の皆さんには、貴重な資料を提供していただくと共に、さまざまなエピソードをお聞きした。中でも本書の刊行を心待ちにし、常に温かく見守ってくださった三女の牧内久仁江さん、三男の佐々木壽英さんご夫妻、五女の田村キヨさんご夫妻、孫の普世晶子さんご夫妻に心から感謝したい。

信濃毎日新聞社出版部の内山郁夫さんには、企画段階から適切な助言をいただき、終始遅筆な私を励ましてくださった。また、文章はもとより、細部に至るまでチェックしていただいた。内山さんの援助なしに本書の刊行はなかった。記してお礼を申し上げたい。

最後に、エッセイの一節を紹介し、結びとしたい。

筆者は佐々木忠綱の孫、康綱さんである。康綱さんは忠綱の長女・節の長男で現在、昭和大学医学部教授・同大学腫瘍分子生物学研究所長を務めている。

祖父は、家庭が貧しくて高等教育を受けられなかったが、当時の大正デモクラシーの影響を強く受けたことが後の生き方の基本にあったと思われる。たとえ学歴が低くとも、じっと耐えながら時代を透徹する確かな眼力を有していたことこそ、真の教養と呼ぶべきである。私もほんの少しでもこのような生き方ができたらと思っている。

――「私の座右銘」より

佐々木忠綱の生き方と信念――。時代は変わっても、その心は受け継がれていく。

2018年6月

大日方　悦夫

主な引用・参考文献一覧

本文で直接に引用した文献はじめ、執筆にあたって参考にした文献を掲げました。このほか紙数の関係ですべてを掲載できませんが、多くの文献に教えていただいたことを付記します（掲載順不同）。

◇佐々木忠綱関連論文・関連資料

「自由大学の影響に関する一考察―長野県下伊那郡大下条村の場合」米山光儀、慶應義塾大学教職課程センター『年報』第2号（1987）

『満州』分村移民を拒否した村長」大日方悦夫、『歴史地理教育』第508号（1993）

『満州』分村移民を拒否した村長」大日方悦夫、『語り継ぐ戦中・戦後1近衛兵反乱セリ』労働旬報社（1995）

『満州』分村移民から村を救った佐々木忠綱村長」大日方悦夫、『草の根の反戦・抵抗の歴史に学ぶ』平和文化（1998）

『私の回想と生きてきた道』佐々木忠幸（1990）

『秋月悌次郎　老日本の面影』松本健一、作品社（1987）

『激動　信州の20世紀』読売新聞長野支局、郷土出版社（2002）

「私の座右銘」佐々木康綱、『クリニシアン』655号、エーザイ（2017）

「土の戦士」田中洋一、朝日新聞長野版（2009年5月2～14日連載）

「国策の大地」武藤周吉　中日新聞長野版（2015年8月12～22日連載）

「戦後70年―国策『満蒙開拓』を拒んだ村長」NHKラジオ第一（2015年12月30日放送）

「信念に生きた男―満州移民に抵抗した村長　佐々木忠綱」NBS長野放送（2017年8月25日放送）

◇証言

佐々木忠綱証言（1987年、聞き手＝笠原孟　※本文では「1987年証言」と記載）

佐々木忠綱証言（1988年3月10日、病床談話）

佐々木忠幸証言（1993年7月1日、聞き手＝著者）

佐々木壽英証言（2017年11月3日ほか、聞き手＝著者）

牧内久仁江証言（2017年11月3日ほか、聞き手＝著者）
田村　キヨ証言（2017年11月3日ほか、聞き手＝著者）
佐々木正人証言（2018年2月10日ほか、聞き手＝著者）
久保田文晴証言（1993年7月1日、聞き手＝著者）
小林　健吾証言（1993年7月1日、聞き手＝著者）
伊藤　千俊証言（2015年2月6日ほか、聞き手＝著者）

◇阿南町所蔵大下条村役場史料

「会議記録」「村会決議留」「村会議事留」「村会事件簿」
「静岡県西富士開拓関係綴」（昭和22年1月）「開拓関係綴」（昭和27年度）

◇通史・地方史

『長野県史』『長野県政史』長野県
『満洲開拓史』満洲開拓史刊行会編（1966）
『長野県満州開拓史』総論、各団編　長野県開拓自興会満州開拓史刊行会（1984）
『長野県の百年』青木孝寿・上條宏之、山川出版社（1983）
『長野県の歴史』小平千文他、山川出版社（1997）

◇記念誌・年史・資料等

『阿南町誌』阿南町誌刊行会編（1987）
『大下條村誌』熊谷四郎、大下条村誌編纂委員会（1961）
『下條記』下伊那教育会（1957）
『明治三十三年　卒業生名簿　大下条尋常高等小学校』※阿南町立大下条小学校所蔵
『岩波書店八十年』岩波書店（1996）
『上田東高校百年誌』上田東高校百年誌編纂委員会編（1991）
『長野県青年団運動史』長野県青年団運動史編集委員会編（1985）

『下伊那青年運動史』下伊那郡青年団史料編纂委員会編、国土社（1960）
『長野県社会教育史』社会教育法施行三十周年記念誌編集委員会編、長野県教育委員会（1982）
『長野県教育委員会三十年史』長野県教育委員会（1980）
『50周年記念誌』阿南病院50周年記念誌編集委員会編（1998）
『長野県阿南高等学校五十年史』長野県阿南高等学校五十年史編纂委員会編（2001）
『望月町誌　第5巻・近現代編』望月町誌編纂委員会編（1999）
『千葉大学医学部八十五年史』千葉大学医学部八十五年周年記念会編（1964）
『富士開拓30年史』富士開拓30年史編纂委員会編　富士開拓農業協同組合（1976）
『満蒙開拓平和記念館図録』満蒙開拓平和記念館編（2015）
『満洲農業移民地視察報告書』下伊那郡町村長会（1938）※満蒙開拓平和記念館所蔵
『満洲農業移民地視察記念帳』下伊那郡町村長会（1938）※満蒙開拓平和記念館所蔵
『中部公論』飯田事業評論社、1938年8月号（1938）
『大下條村勢一覧　昭和八年四月調』大下条村役場（1933）
『農山漁村経済更生計画樹立町村概況（第二）』農林省経済厚生部（1933）
『農山漁村経済更生計画樹立町村名簿―昭和七、八、九、十、十一年度指定』農林省経済厚生部（1936）
『満洲農業移民ニ関スル地方事情調査概要―第十三回地方事情調査員報告』農林省経済厚生部（1937）
『満洲農業開拓地視察報告記』農林省経済厚生部（1940）
『満洲開拓年鑑　康徳十一年版』天野良和、満洲国通信社（1944）
『資料集　時報・村報にみる「満洲」移民』飯田歴史研究所（2006）
『復刻版　第一線』「第一線」復刻版刊行会（1984）
『会報　第二号』下伊那郡連合青年会（1938）
『長野県職員録　昭和18年2月1日現在』長野県（1943）
『胡桃沢盛日記』胡桃沢盛日記刊行会編（2013）
『佐々木家（上千木）家系並びに法名しらべ』佐々木忠幸（1989）

◇書籍・雑誌・論文

『成功途上の満洲移民』佐藤貞次郎、満洲移住協会（1936）
『分村計画を語る』農村更生協会、満洲移住協会（1937）
『国策満洲移民―分村分郷計画と青年義勇隊』菱沼右一、木村誠　中央情報社（1938）
『新農村の建設』朝日新聞社（1939）
『拓民の血を訪ねて　信濃拓民小史』信濃毎日新聞社（1943）
『満洲開拓論』喜多一雄　明文堂（1944）
『日本帝国主義下の満州移民』満州移民史研究会編、龍渓書舎（1976）
『近代民衆の記録6満州移民』山田昭次編、新人物往来社（1978）
『満洲国「民族協和」の実像』塚瀬進、吉川弘文館（1998）
『満洲の日本人』塚瀬進、吉川弘文館（2004）
『キメラ―満洲国の肖像（増補版）』山室信一、中公新書（2004）
『〈満洲〉の歴史』小林英夫、講談社新書（2008）
『満鉄「知の集団」の誕生と死』小林英夫、吉川弘文館（1996）
『「大日本帝国」崩壊』加藤聖文、中公新書（2009）
『満蒙開拓団』加藤聖文、岩波書店（2017）
『満州武装移民』桑島節郎、教育社（1979）
『平和のかけはし』信濃毎日新聞社（1968）
『この平和への願い　長野県開拓団の記録』信濃毎日新聞社（1976）
『満州移民の村　信州泰阜村の昭和史』小林弘二、筑摩書房（1977）
『満洲泰阜分村―七〇年の歴史と記憶』泰阜村、不二出版（2007）
『「満州移民」の歴史社会学』蘭信三、行路社（1994）
『満洲分村移民の昭和史』渡辺雅子、彩流社（2011）
『総力戦体制下の満洲農業移民』玉真之介、吉川弘文館（2016）
『満州移民　飯田下伊那からのメッセージ』飯田歴史研究所、現代史料出版（2007）
『聞き書きと調査研究　下伊那から満州を考える3』満州移民を考える会（2016）

『人びとはなぜ満州へ渡ったのか　長野県の社会運動と移民』小林信介、世界思想社（2015）
『移民たちの「満洲」　満蒙開拓団の虚と実』二木啓紀、平凡社新書（2015）
『中国農民が証す「満洲開拓」の実相』西田勝・孫継武・鄭敏一、小学館（2007）
『「満洲移民」の歴史と記憶』趙彦民　明石書店（2016）
『中国残留日本人孤児に関する調査と研究』佟岩・浅野慎一監訳、不二出版（2008）
『早川孝太郎』須藤功　ミネルヴァ書房（2016）
『大陸流転　ふたつの戦争』熊谷秋穂、信濃毎日新聞社（2005）
『還らざる夏　二つの村の戦争と戦後　信州阿智村・平塚』原安治、幻戯書房（2015）
『一九四五年満州進軍　日ソ戦と毛沢東の戦略』徐焰、三五館（1993）
『ソ満国境虎頭要塞』日中共同学術平和調査団日本側編集委員会、青木書店（1995）
『アジア1945年』中村平治他、青木書店（1985）
『長野県下伊那社会主義運動史』佐々木敏二、信州白樺（1978）
『土田杏村と自由大学運動　教育者としての生涯と業績』上木敏郎、誠文堂新光社（1982）
『物語岩波書店百年史1』紅野謙介、岩波書店（2013）
『下伊那医業史　信濃名医伝』小林郊人、甲陽書房（1953）
『「銃後」の民衆経験　地域における翼賛運動』大串潤児、岩波書店（2016）
『戦後開拓－長野県下伊那郡増野原』森武麿編、神奈川大学歴史民俗調査報告第16集、神奈川大学大学院民俗資料学研究所（2013）
『旧軍用地転用史論』杉野圀明、文理閣（2017）
『富士山　世界遺産への道』静岡地理教育研究会、古今書院（2000）
『自由大学運動と現代』自由大学研究会、信州白樺（1983）
『自由大学研究』第3号、自由大学研究会（1975）
『自由大学研究』第5号、自由大学研究会（1978）
『自由大学研究』別冊1／別冊2、自由大学研究会（1979、1981）
『日本鉄道旅行地図帳　歴史編成《満州樺太》』今尾恵介・原武史監修、新潮社（2009）
『満州朝鮮復刻時刻表』日本鉄道旅行地図帳編集部編、新潮社（2009）

「満州農業移民政策と長野県」岡部牧夫、信州白樺社『信州白樺』20号（１９７５）
「下伊那地域における満洲移民の送出過程」齋藤俊江、飯田市歴史研究所『年報１』（２００３）
「満州農業移民と農業・土地問題」浅田喬二、岩波書店『岩波講座　近代日本と植民地３』（１９９３）
「『満州開拓』移民と東北農村」楠本雅弘、『日本の科学者』第30巻10号（１９９５）
「満州事変と『満州国』の実態」山田朗、『歴史地理教育』第７７８号（２０１１）
「自由大学運動　自己と他者の関係性」大槻宏樹、雄山閣『歴史公論』第８巻10号（１９８２）
「伊那自由大学の歴史」山野晴雄、国土社『月刊社会教育』１９７５年９月号
「伊那自由大学と下伊那の青年たち」清水迪夫、伊那史学会『伊那』２０１４年11月号、２０１５年３月号
「下伊那郡町村長会の満洲視察、今村正業『満洲視察日記』」本島和人　伊那史学会『伊那』２０１５年12月～16年２月号
「下伊那青年運動の証言」羽生三七、現代史の会『季刊現代史』通巻９号（１９７８）
「須山賢逸の関係史料（二）」信南自由大学の創立と理念」伊藤友久、信濃史学会『信濃』第53巻第９号（２００１）
「西富士開拓に生きた人たち」甲田寿彦、『月刊エコノミスト』１９７６年９月号

大日方　悦夫（おびなた・えつお）
1953（昭和28）年、長野県に生まれる。元長野県立高等学校長。現在、大学・専門学校で教える傍ら、地域の近現代史研究に従事。共著・論文は『幻ではなかった本土決戦』（高文研）『ソ満国境虎頭要塞』（青木書店）『戦争遺跡から学ぶ』（岩波ジュニア新書）『長野県の歴史散歩』（山川出版社）『韓国と日本の交流の記憶』（白帝社）「長野軍政部に関する基礎研究」など。長野市在住。

本書は「第32回地方出版文化功労賞奨励賞」（ブックインとっとり実行委員会主催、2019年）および「飯田歴研賞」（飯田市歴史研究所主催、2019年度）を受賞しました。

Shinmai Sensho
信毎選書　27

満洲分村移民を拒否した村長
佐々木忠綱の生き方と信念

2018年8月15日　初版発行
2021年8月15日　第3刷発行

著　者　大日方　悦夫
発行所　信濃毎日新聞社
〒380-8546　長野市南県町657
電話 026-236-3377　ファクス 026-236-3096
https://shop.shinmai.co.jp/books/
印刷製本　大日本法令印刷株式会社

©Etsuo Obinata 2021 Printed in Japan
ISBN978-4-7840-7333-7 C0321

定価はカバーに表示してあります。
乱丁・落丁本は送料弊社負担でお取り替えいたします。

本書のコピー、スキャン、デジタル化等の無断複製は著作権法上での例外を除き禁じられています。本書を代行業者等の第三者に依頼してスキャンやデジタル化することは、たとえ個人や家庭内での利用であっても著作権法上認められておりません。